クライエント中心のカウンセリング

佐々木正宏

駿河台出版社

はじめに

クライエント中心のカウンセリングで使われる用語には、わかりやすくみえるものが多く、日常語として使われているものも多くある。このことには、長所と短所がある。長所は、その語が意味するところをなるほどなと理解するのにあまり苦労しないですむ点であり、短所は、元々創始者のロジャースがその語にもたせようとしていた意味が見失われてしまい、誤解が生じやすい点である。

たとえば、カウンセラーの基本的な姿勢の一つとして取り上げられている「無条件の肯定的配慮、あるいは受容」は、あえて解説する必要がないくらい当たり前のことのように思える。それは思いやりをもって相手と関わることを言うのであると説明されると、なるほどわかったという気になってくる。なんだそんな簡単なことなのかと軽んじる気持ちが生じ、それについてこれ以上深く探求したりする必要はないと思う人もいるかもしれない。

しかし、少し踏みとどまって考えると、それが何を意味するのか、簡単ではないと感じるようになる。相手を批判しないことなのか、あなたは正しいと賛成してあげることなのか。相手を受けいれるのか、相手の何を受けいれるのか。それが向けられるのは相手の行動か、それとも気持ちなのか、相手がこちらに期待してくることも含むのか。…考えていくうちにわからなくなってくる。

無条件の肯定的配慮以外にも、すぐにわかったという気になるが、実はそれほどわかりやすくない言葉がいくつもある。本書では、できるだけロジャースが言っていることに立ち戻るようにして、少なくとも素朴な誤解を生じないように記述していくことを、ときには執拗なくらい細かく記述することを心掛けた。

ただし、自己一致の章など、ロジャースがはっきりと述べていることではないためもあって、ロジャースならきっとこう考えたであろうと勝手に推量して論を進めているところもある。その点で、本書は、筆者の目を通してとらえたクライエント中心のカウンセリングを述べたものに過ぎないと言うこともできる。

なお、ロジャースのカウンセリングは、最初非指示的アプローチと呼ばれ、次にクライエント中心という言葉が用いられるようになった。その後エンカウンター・グループなどを経験して実践領域を拡大したロジャースは、パーソン・センタード・アプローチ（person centered approach）というより広い範囲を指し示す言葉の方が自分の理念にふさわしいと考えるようになった。このパーソンセンタードアプローチを唱えた後のロジャースの発想の中にも大切なものがあるが、本書では、クライエント中心という言葉が用いられた時期のロジャースの考えを中心として紹介している。

本書ではいくつかのカウンセリングのケースが紹介されている。これらは、クライエントのプライヴァシーを考慮して、修正や省略を加えていることをお断りしておく。

最後に原稿の全体を読み、励まして下さった伊藤隆二先生と、本書をより良いものにするために多くの示唆を与えて下さった駿河台出版社の石田和男氏に感謝したいと思う。

目次

第一章

クライエント中心の姿勢

悩みや問題を抱えている相手に向かって、その人のために役立ちたいという好意から、「あなたは、こうすべきだと思いますよ」「こういう考え方をすると良いのではないですか」とアドバイスすることがある。また、相手がひどく落ち込んでいるときには「あなたは良い方向に向かっていますよ」「必ず良いときが来ますよ」と勇気づけをすることがある。

アメリカの臨床心理学者ロジャース Rogers,C.R.（1902—1985）によって始められたクライエント中心のカウンセリングは、はじめアドバイスや勇気づけを差し控える非指示的なアプローチとして唱えられた。このことはクライエント中心のカウンセリングが、クライエントに指示をしない受け身で消極的なカウンセリングであることを示しているように見えるかもしれない。しかし、その強調点は、カウンセラーがアドバイスや勇気づけなどの働きかけを行ない、カウンセラー主導でカウンセリングを進めるのでなく、クライエントが、カウンセリングが向かっていく方向も、そこで探求していく内容も自分で選び、クライエント主導でカウンセリングが進められるというところにある。その根底にあるのは、クライエントのもっている力に対する信頼であり、この信頼が非常に大きいところにクライエント中心のカウンセリングらしさがあると言うこともできる。

ここでは、まず最初にクライエント中心のカウンセリングの実際を紹介し、その後でクライエント中心ということの意味やカウンセラーの基本的な姿勢について述べることとする。

第一節　K子の事例

ここに登場するクライエントK子は、不登校の娘をもつ母親である。彼女は、小学校一年生の長女M子の不登校のことで悩んで来談した。家族は、他に会社員の夫、四歳の長男がいる。

第一回目（1月末）

K子は、もう困りはててしまったといっているような重苦しい表情で来室した。はじめに簡単に自己紹介をした後、普通カウンセラーは「今から、○○時○○分まで時間がとってあります。今一番困っている辺りから話していただけますか」などと言う。しかし、K子のときは、今すぐにも話したいという気持ちがはっきりと伝わってきたため、カウンセラー（以下、C）は「どうされました？」とだけ伝えた。K子は堰を切ったように話しはじめた。

K「うちの子、M子と言うんですが、学校へ行くのをすごくいやがるんです」

C「はい」

K「無理に連れて行こうとすると、暴れるし、物を思いっきり投げつけてくるし、私にはもうどうしようもないって感じです」

C「手に余る、手に負えない」

K「はい。行ったり行かなかったりで、全然行かないわけじゃないけど、行かない日が増えていって、このままずーっとになったらと思って……」

C「ずーっと行かなかったら、どうしよう」

K「そうです。おだててもだめ、むりやりもだめ……。体でぶつかってくることもあるし、『このうち、出ていくわよ！』と言い捨てて出ていくときもあります」

C「うん」

K「かと思うと、あんまりごねることもなく行ったりするんで、なにがなんだか」

C「うん。なにがなんだか。……わけがわかんない」

K「一瞬一瞬が違うんで、本当にわからなくなっちゃって。……急にこれまでと変わってしまったんで、驚いてしまって。こんなにわがままな子だったなんて考えてもみませんでした。わがままするのはいつも下の方で、あの子は下のに比べておとなしくて、楽だったのに」

C「おとなしくて楽な子だったのに、がらっと変わってしまった。何でなの、どうしちゃったのって感じちゃう」

K「ええ。こんなに変わってしまったんで、私、これまでパートの仕事をしていたんですが、その仕事も、M子がこうなってしまったのでやめちゃいました」

しばらくの間、少し高めのテンションで、クライエントはM子の急激な変化に対する驚きとわけがわからないという困惑した気持ちを語った。カウンセラーが行なったのは、相づちを打ったり、「お母さん、あなたがいま感じているのは、こういうことですね」とクライエントの気持ちの確認をしたりという平凡な応答である。

話していくうちに興奮はいくらかおさまり、カウンセリングの話題は、M子と彼女のもう少し微妙な関係のことに移っていった。

K「人まかせが原因でしょうか?」

人まかせにしていたという話はまだ聞いていなかった。カウンセラーにはその詳細がわからないし、もちろん人まかせが原因でしょうとも違うでしょうとも言う気はない。ただ、このようにクライエントが自分のことをもっと話し始めたと感じられる話題を、軽く聞き流してしまうようではいけないという気持ちがある。

C「人まかせにしていた。それが、今のM子ちゃんが行かなくなった、大変になったことと結びついているんじゃないかって思ってる？」

K「よくわからないですけど、……M子はほっておいても大丈夫な、わりと自分ひとりで何でもできてしまう、おとなしい子だったんで、私としては安心してました」

C「ああ、そう。おとなしくてひとりでやれる子だったから、安心してた」

K「ええ。私は仕事に出ていたので、M子は早めに保育園に入れました。母のところによく預ってもらっていました。私の方の母親なんですが、近所に住んでいるんで、預ってもらってたんです」

C「はい」

K「あの子を自分でみたい気はあったんですけど……結局、なつかない子でした。おんぶにだっこはしたんですが」

C「自分で見てあげたかった。でも、いろいろしてあげても、M子ちゃんはなつい
てくれない子だった」

K「話したり、歌ったりしてやっても、なじまない子でした……」

K子は娘のM子との関係について薄々気づいている。彼女にとってはなつかない、なじまない娘であり、娘とのつながりは十分にできていない。親密な母と娘になったことはこれまでなかったようだ。

カウンセラーは、M子が登校するようになることがおもて向きの目標になるとして、まずK子のあり方が変わる、そしてK子とM子の関係が変わる、ということが起きてくるのだろうなと思った。

第二回目から一〇回目（2月～4月）

二回目以降のカウンセリングでは、学校へ行きたがらないで、ときどきは休んでしまうというM子の登校の状況と、不登校になって以来のK子とM子の交流について報告がなされる。彼女にとって、M子のわけのわからなさが少しずつ減っていく。

K「今までは、欲しいっていうのがなかったのに、欲しいが増えてしまっています。私の手をひっぱたりして、行動でして欲しいことを要求してくるんですね。言ってくれればその方がずっとわかりやすいのに」

C「言葉で言ってくれればいいのに、行動でして欲しいと言ってくる」

K「そうなんです。しゃべれるんだから、もう小学生なんだから言えば簡単なのに」

C「うん」

K「でも、何をして欲しいと思っているかは、たいてい見当がつきます。M子の思い通りに、あちらこちらの公園につれて行って遊んだりしています。夜は父親も一緒になってゲームをしたりしています」

K子の言うように、小学生になっているのなら、して欲しいことは言葉で要求するのがふさわしいのかもしれない。でも、これまで親密な母と娘になったことはないのだから、身体に触れて要求する方が親密な母と娘関係への近道だろう。M子はうまいところをついているんじゃないかな、というのがカウンセラーの正直な気持ちである。前は自分で何でもできるおとなしい子どもだったM子が、いまではK子にベッタリの状態になっている。

「今はベッタリ。下のをつきとばして私のひざに来るんで、離すのが大変です。……公園に行くときなど、私と手をつなぎたくて、私の手を、弟と奪い合うこともあります」

このようなことを、K子はこれでいいんだと思っているようにおだやかに言う。また、自分と一緒にいるときには、M子が落ち着いていられることもK子にはわかっている。しかし、彼女の気持ちはそれほど単純ではない。M子のベッタリを受けいれるのと反対の、それが受けいれられない気持ちも表明される。

K「でも、あの子が寝てくれると楽なんです。寝てくれるとほんとにほっとして。それと、学校へ行ってくれると疲れ方が違うんです。いるともう疲れちゃって」

C「こう毎日べったりだと疲れちゃう」

K「体は別に疲れるという程じゃないんです。身体というより神経が疲れてしまって。ずっといるとカンにさわることやるんで……イライラするのを我慢してるんです」

C「カンにさわる。でも怒っちゃいけないってこちらは押さえてる。それで神経が疲れちゃう」

K「そう。我慢することばっかりで、ほんとうに、べったりになるのは困ります。今からでもできることなら自立させたい。あんまりあの子に添いすぎて、曲がっちゃっても困りますし」

C「ああそうなんだ。自立して欲しいんだ。添いすぎると、曲がっちゃうから。添いすぎると、M子ちゃん、ダメな人間になっちゃうから？」

K「ええ。自立して欲しいんです。自立していないとろくな人間になれないって思います。だから、来月になったら、勤めに出ようかなとも思っています」

C「自立させたいから、こちらが働きに出て離れてみようかって考えてる？」

K「そうです」

K子は、これまでパートの仕事に行っていたが、ちょうどパート先の人間関係がうまくいかなくなっていたこともあって、M子が学校に行かなくなった時点でその仕事をやめていた。

彼女は、人間は自立しなければならない、添いすぎると曲がってしまう、だから自分がやめていたパートにまた出て、M子に添いすぎないようにしてみよう、と考えている。これは、理屈としては筋が通っている考えにみえる。しかし、カウンセラーにとって、それはなるほどと感じられるものではなかった。高校生や大学生ならともかく、小学校二年生に添いすぎると曲がっちゃうというのをカウンセラーが、納得できたわけではなかった。「添いすぎると、曲がっちゃうから。添いすぎると、M子ちゃん、ダメな人間になっちゃう？」と少ししつこい確認や疑問の言葉が出てしまったのは、あなたが思っていることは一応はわかったけれど、納得できたわけではないですよ、というカウンセラーに気持ちのあらわれであった。

今のM子にはK子と過ごすことが必要だろうから、仕事にはしばらくは出ないで一緒にいてあげたらよいだろうというのが、カウンセラーの判断であるが、それは伝えない。伝えようとも思わない。

カウンセラーが一緒にいてあげた方がよいと言わなくとも、その後、K子がM子と一緒にいてあげようという気持ちを話すようになってきた。

「あの子見ていて、仕事はどうかなって考えたんですけど、冬休みまでは、うちにいようと思います」

「来年の春まで家にいることにしました。あの子のためにも、それがいいんじゃないかと思って」

「子どもに、鍵をあけしめするような思いをさせるんじゃかわいそうで……」

彼女は、自立して欲しいという気持ちと一緒にいてあげようという気持ちの間を行ったり来たりしているようであった。気持ちが揺れてはいたが、M子と一緒にいてあげようという気持ちの方が、「冬休みまで」「来年の春まで」というように、少しずつふくらんできているようにカウンセラーには思えた。

なお、K子は、M子のクラス担任に面会に行くなど用事があって、M子を残して外出しなければならないようなときに、M子を、近所に住む祖母（K子の母親）のところに預けていた。たいていの場合、祖母は、M子とうまく接することができずに、機嫌を損ねてしまうことになった。彼女は、その祖母のことを「あれじゃだめなんですね」「まるでわかってないんで困ります」と辛辣《しんらつ》に語るのであった。

カウンセラーには、我慢の限界にきているK子が、娘を祖母に預けて、娘と一緒にいるのを避けているようにみえた。ときどきそうやって心のバランスを保とうとしたってかまわない、まっしぐらに前に進もうとしなくてもよいという気持ちがある。しかし、そうやって頼っておきながら、M子とうまくつきあえない祖母を責める言葉がずいぶんと厳しい、どこか勝ち誇っているような感じだと思うようになり、正直なところあまりいい感じがしなかった。「お祖母《ばあ》ちゃんじゃだめなのに、お祖母ちゃんじゃM子ちゃんとうまくつきあえないのに、どうしてそのお祖母ちゃんにM子ちゃんを預けるの？」と尋ねたくなったときもある。しかし、この言葉では、K子に質問しているというより、彼女を責めていることになってしまうと迷ううちに、切り出すタイミングを失ってしまっていた。

そんな気持ちを抱いてしばらく経ったころ、M子の家でのわがままともみられる行動について話しているときのことだった。ささいなことで怒って家を出ていこうとしたり、しがみつくようにしてくるM子の行動の意味が「ほんとに何であんなことするのか」「何考えてるのかよくわからないです」と言うK子に、カウンセラーは、すごくわかりやすいことなのになあ、と感じながら、「それって、お母さんと一緒にいたいって言ってるんでしょ。M子ちゃんは、もっとかまってほしいと言ってるようにみえる」と言った。これとよく似たやりとりがそれ以前にも何度かあったが、そこでは「はあ」「そうかもしれない」といった気のない返事があるだけであった。しかし、このときはそれまでと違っていた。K子は突然、「私は、母が外で働いていたんで、小さい頃、母の顔をあまり見ないで育ったんです」と言った。涙があふれてくる。なかなか止まらない。

「子どもは一人で何でもできるようでなければいけないって思っていました。私がそうでなければならないと思っていたし、あの子も一人で何でもできるようにと思っていました。だって、そうしないとやってけないんですから。……私は、母を許してないんだと思う……」

カウンセラーには、K子がその母親を責める言葉が厳しすぎる、どこか勝ち誇っているような感じだと思い、その部分は受けいれられないなという気持ちがあったが、それは「小さい頃、母の顔をあまり見ないで育ったんです」「私は、母を許してないんだと思う」という言葉を聞いて、消えていった。

一三回目から一九回目（5月〜7月中頃）

この頃までに、M子が学校に行かない日はなくなっていた。登校については「水曜日と木曜日はひとりで行きました」「きょうは少し行きたくないと言ったんですが、ぐずるというよりしぶる程度です」という報告がある。まったくしぶることもなく登校したときには、「雨がふってるのに、不思議なんです」とK子はうれしそうである。

M子と一緒に家にいると、神経を使う。こちらが自分を押えなければならないことも多い。まだ波は激しい。しかし、M子の様子が変化してきている。

「全体が変ってきています。ずいぶん違うんでびっくりしたところです」

「このごろは、人の気持ちもよく考えてるみたいです」

「私が下のを叱ったら、M子が、私に怒って、下のをかばうんです」

わがままな赤ちゃんのようになってしまっていたM子が、赤ちゃんの状態から少し抜け出して成長してきていると彼女は感じている。

M子を自立させたいという気持ちも相変わらずあるが、一緒にいてあげようという気持ちの方がさらに強くなってきているようである。

「今、あの子を離しちゃうのも考えものです」

「あの子がわかってくれれば、仕事にでも出たいけれど、まだ無理だと思うから黙っています」

毎回、面接の最初に娘の登校の様子を語った後、残りの時間を使って、K子の過去が語られる。過去、とくに母親との関係を語るときには、彼女はたいていは涙ぐむ。

彼女は、三人きょうだいの次女であった。ものごころがついて以来、母親は忙しくしており、かまってもらえない寂しさを、彼女はずっと味あわされてきていた。

「父とはすれ違い、父といた記憶がないくらいです。姉は大きくて、もう結婚してしまっていました」

「私は休みというとうちにいなかったですね。親戚をまわってました。……行けば、子どもと同じように扱ってくれるから」

「母親は忙しくしていることが多くて、妹が小さかったですから、かまうといえば妹の方で、……こっちもかまってほしいんです。でも、かまってもらえないっていうのはさびしいです。これは残ります……」

「私は、甘えることができなかったんで、一人でやるようになりました」

母親にかまってほしいのにかまってもらえない、甘えたいのに甘えることができないために、Ｋ子は、一人でやる人間になったようである。

二〇回から二六回目（7月中頃〜9月）

夏休み中は、Ｋ子はＭ子とほとんど毎日一緒に過ごさなければならない。一緒に過ごす長い夏休みなので、自分がそれに耐えられるかどうかが心配であった。

Ｋ子とＭ子の衝突が少し増えてきた。ある日、彼女はとうとうＭ子をたたいてしまった。

「友だちは後片づけしてるのに、あの子は全然しないんで、とうとう手をあげちゃったんです。後で、やってよかったか心配だったんですが、あの子も、大声で泣いていたけど、自分が悪いとわかったみたいです」

心配ではあったが、Ｍ子が前進しているという手ごたえがある。

「一段上でやったんです」

「殻を抜け出てるし、少し進んだように思います」

夏休みが終わる頃には、休みで学校へ行かないことに慣れた後、M子が学校へ行ってくれるかどうかも、心配であった。しかし、これは杞憂《きゆう》であった。M子は喜んで登校する。一日もいやがらないで行く。

「友だちも何人かいて、遊ぶ約束して帰ってきます。毎日のように友だちが入れ替りで……」

「このごろは、いろんな人に話しかけるようになってきました。M子は私に似てるんで、まだだと思っていたんですけど」

M子と自分が似ているという気持ちがいつ頃からあったのか、以前はなかったのではないかと思う。好きな人を自分に似ていると感じることのあらわれであり、M子とK子が密接な母と娘になってきたことの証ではないかと思える。

この時期も毎回面接の後半では、母親の過去が語られる。

「小さいとき、かまってもらえないのは、すごくさびしい。母がいても、かまってもらえないさびしさ……」

「自分の生活築くので夢中でした。恨む気もなかった。でも、母を一番泣かせたのは、『うちには母がいない』と言ったことでした」

母親を恨む気持ちがなかったと彼女は言うが、「うちには母がいない」といって母親を泣かせたのは、恨む気持ちのあらわれであろう。この母親にかまってもらえないさびしさ、恨みから、自立しなければいけないという信念が生まれたようである。このことは前にも語られていたが、もっとはっきりと語られるようになる。

「私は、人に甘えてやってきたことないんで、何でも自分でしないとならない。当てにてしているとたいてい裏切られるから、自分を防衛しないとならなかったんです」

そういう「当てにてしていると裏切られる」経験としてK子の脳裏に浮かぶのは、かつて勤めていた職場の人間関係であった。彼女は、M子が学校に行かなくなる少し前から、職場での人間関係がうまくいかなくなっていたが、それよりも何年も前に働いていた職場でも、人間関係がうまくいかなくなり、そこではむしろもっと大変な思いをしていたようである。

「その人（上司）とは、ずっと信頼関係にあって、心の許せる人でした。だからまさかと思いました」

「職場でうまくいかなくなったときには、おとなの自閉症みたいでした。人から自分のことが言われているように思えて、それが、しばらく続いていました」「友だちと話していても、自分が変なこと言ってるんじゃないかと気になってしまって、『わかる?』とついきいてしまうこともありました」

母親との関係から、人に甘えてはいけない、自立して生きていかなければならないという信念を持ったとしても、彼女が徹底して人に甘えないで生きてきたのではないようだ。ときには彼女が甘えたくなるような人が現れた。それが職場の上司だった。上司との間で、彼女は当てにし頼りにして気を許していると、裏切られるという思いを経験したのである。

当てにし頼りにして気を許していると、裏切られるという経験が、M子が不登校になる直前にも、職場で起きていたかどうかは確かめていないが、K子がこの職場でもつらい思いをし、M子のことなどかまっていられない状態になったときに、M子は不登校になったのである。

当てにしていると裏切られる、だから自立しなければいけないというK子の信念は、娘にも適用された。

「きびしいと思うけど、子どもにも、そうやらないと(頼らず一人でできるようにしないと)、乗り越えられないことがあると思うんです。あの子にはそういう力をつけなければと思っていました」

しかし、自立させるために、子どもを親から離すという以前にはあった発想が捨てられたようである。

「こんなこと、あの子があああなる前までは考えなかったけれど、小さいときには、親といっしょに、親元にいるのが本当だとは思います」

九月に入り、かつての体験や自立すべきという信念やM子のことが、ところどころ関連づけてとらえられるようになってきた頃、カウンセラーは、K子がずいぶん落ち着いてきたな、これで乗り越えたなという感じがしていた。他のクライエントの場合、カウンセリングの終わりについては、クライエントに任せることが多かったが、K子には、カウンセラーの方から、いつまでカウンセリングを続けるかを尋ねてみた。

「そろそろ話すこともなくなってくると思います」

これが彼女の答えであり、カウンセリングは九月いっぱいということになる。

最終回（二六回目）

最後のカウンセリングで、K子はM子のことを次のように述べた。

「この頃は、べたっとすることもなくなってきました。たまに、私のひざの上に、ちょこんと乗っているくらいです」

「ねこがじゃれるような感じ、っていったらいいかもしれない……」

「着替えは、にたっと笑って待っているんです。しょうがないんで私がはずしてやっています」

二人の距離が、ちょうどいい感じになった、ということではないだろうか。

また、K子は自分自身の変化をはっきりと言葉にした。

「前は人が信じられなくて、それこそハリネズミのようになっていたのかもしれません」

「この頃は、かどが丸くなってきているように思います」

かつての職場の上司についても許せる気持ちが出てきている。

「いまになってみると、あの人（上司）も、いい状態ではなかったんじゃないかって思うんです」

最後にK子は、次のように言った。

「M子もやっと、自分の子どものようになってきたんです。やっと……」

第二節　K子の事例の考察

子どもの頃の、K子自身がその母親から十分に愛されなかった体験から、その後の彼女の生き方が決まっていったのではないだろうか。幼い女の子にはどうにもできなかった事情がある。その中で、彼女がとらざるを得なかった生き方がある。母親に甘えたい、かまってほしい、でも甘えさせてくれない、かまってくれない。それでは私は一人で生きていくしかないではないかとK子は感じ、人に頼らず自立して生きるようになっていたのであろう。でも、彼女は、まったく一人で生きていかなくてはならないという極端な生き方だけを選んだのではないだろう。愛されたい、甘えたい、かまって欲しいといった人を求める根強い願いが十分にあり、ときどきはそれを出しながら、でも、それが受けいれられない苦しさから、頼ってはいけない、一人で生きなくてはならないと何度も自分に言いきかせてきたのであろう。

職場の人々のなかで、彼女がもっとも親密になろうとしたのは、上司だったのではなかろうか。推測に過ぎないが、彼女は、上司の愛されるべき、最良の娘になろうと一生懸命だったのだろう。ただその上司との関係は、相手にわかってもらえない、裏切られるという結果になる。様々な事情があっただろう。しかし、一つには、彼女の相手に向ける期待の強さが、ちょっとしたきっかけを経て、裏切られたという思いをもたらしていたのではないだろうか。

以前のM子は、何でも一人でできる子どもであった。人に頼ってはならないというK子の生き方の一面をそのまま引き継いだような子どもであった。K子を責める気持ちはないが、M子がそうなるような関わりを彼女がもったのであろう。

クライエントの生き方を揺るがす働きかけは、M子から起きてきている。手のかからない何でも一人でできていたM子が、不登校になり、何もできないような子、手に負えないわがままな赤ん坊になってしまった。K子にとっては、これは挫折であり、困ったこと、大変なことである。しかし、M子はそうなることで、なんとかしようというメッセージを送ったのだろう。「お母さん、このままではだめだよ」、あるいは「ちゃんと私のお母さんになってちょうだい」というメッセージを読みとってもいいのではないだろうか。また、M子が言葉ではなく、行動で、して欲しいことを要求してきたのは「赤ちゃんのところからやり直したいよ」というメッセージだったのではないだろうか。

M子の挑戦は、K子を揺さぶり、困らせる。M子は甘えたがっている。でも、私自身が甘えさせてもらえなかったのに、そんなことはとても私にはできない。彼女はそんな気持ちでいたのだろう。仕事に出たい、M子をつきはなしておきたいという気持ちは、べったりとまつわりついてくるM子に対する困惑のあらわれである。

面接のなかでは、K子の苦しかった体験が言葉で、かなりの感情を伴って表現されていった。彼女が「母の顔を余り見ないで育った」と述べたとき、M子と自分が、重なって感じられたことであろう。過去が意味づけられるにつれて、彼女の生き方のきびしい側面は、弱まっていく。同時に、M子は母親らしくなっていく。M子は、より十分な方向に向けて、母の愛を受け取っていく。K子に甘えられるようになったM子は、甘えを卒業するように、あまり甘えなくなっていっている。それは一度赤ちゃんのようになって、またそこから戻ってきたかのようである。

「M子もやっと、自分の子どものようになってきたんです、やっと」という最終回のK子の言葉は、彼女が得てきたものの要約である。M子はいやがらずに学校へ行くようになった。K子がカウンセリングに来る動機となった表向きの問題は解決した。しかし、その背後で起きてきたことがある。彼女の一人で生きていかなければならないという信念が弱まり、娘を愛する母になり、M子が愛される娘になったことの方がはるかに重要であり、最終回のK子の言葉は、それを示していると思う。

カウンセラーは、K子を受けいれようという姿勢でカウンセリングを続けていた。それはおおむねできていたが、完全にはできなかった。M子とうまくつきあえない祖母を責める言葉が厳しすぎる、どこか勝ち誇っているような感じだと思うようになり、正直あまりいい感じがしなかった、というのがその一つである。M子を自立させたい、そのために自分は働きに出るとK子が言ったときにも、おいおい、何を言い出すんだ、やめてくれよという多少否定的な感情があった。しかし、ずっと彼女を、けなげに努力している母親だとは感じていた。

また、カウンセラーは、K子の内面をできるだけ理解していこうと努めていた。クライエントとカウンセラーの会話を逐語的に記したところで、カウンセラーが確認の形で応答しているが、それがクライエントの内面を理解しようという姿勢のあらわれである。このような確認の形でのカウンセラーの応答はずっと続き、それ以外の応答は少なかった。「こうするといいですよ」というアドバイスや「苦しいだろうけど頑張って下さい」といった励ましは言っていない。

もう一つ、カウンセラーはありのままの自分でいようと努めていた。これは、自分のなかで感じていることに敏感であろうとしていたといった方がふさわしいかもしれない。K子がけなげに努力しているのがいいなとは多くの場面で感じたし、祖母を責める言葉が厳しすぎる、どこか勝ち誇っているようだと感じたことや、M子を自立させるために自分は働きに出るとクライエントが言ったときに、おいおい、やめてくれよと感じたことなどは、どれもカウンセラーが自分のなかで感じていることに敏感であろうとしたことのあらわれであると考えている。

第三節　クライエント中心ということ

ロジャースの体験

優れたカウンセリングの立場の創始者は、クライエント、あるいは患者から教えられたことを大切にし、そこからヒントを得て自分のカウンセリングを創り上げていっているように思う。クライエント中心のカウンセリングをはじめたロジャースもそんな一人である。

ロジャースがクライエント中心のカウンセリングへ進むようにさせてくれた体験の一つに、乱暴な息子をもった、知能の優れた母親のカウンセリングをしていたときの体験がある（ロジャース、１９６７b）。

クライエントの息子が乱暴になった原因は、その子が幼いときに、母親が拒絶したことにあった。でも、何度面接を重ねても、そのことを母親に洞察させることができなかった。ロジャースは、クライエントに向い「私たち二人は一生懸命やってきましたけど、どうも失敗したみたいです。面接を止めてもいいのではないでしょうか」という提案をした。これはとても正直な提案であるが、このロジャースの提案にクライエントも同意して、カウンセリングは中断することになった。

最後の面接が終り、二人は握手をし、クライエントはドアの方に歩きかけたが、このときに振返って「先生は、ここでおとなのカウンセリングをやらないのですか？」と尋ねてきた。彼女は、これまでやってきたのは息子のためのカウンセリングであって、自分のカウンセリングをしているとは思っていなかったのであろう。ロジャースが「やらないわけじゃありませんが、どういうことですか？」と言うと、彼女は「それじゃあ、私、受けてみたいのです」と言って椅子に座り直した。今度は、クライエントは、結婚生活や夫との関係、自分の失敗と混乱した気持ちを、自分から進んで話しはじめた。それは彼女が前に語った役に立たない「生活史」とは全く違ったものだった。そして間もなく、カウンセリングは成功のうちに終結を迎えた。ロジャースは、子どもにとっても成功だったといっているから、息子の乱暴もおさまったのであろう。

この体験が、ロジャースがクライエント中心のカウンセリングを思いつく一つのきっかけとなったと考えられる。この体験についてロジャース（1967b）は「私は自分の考えに従うのではなく、彼女についていったのです」と言っている。また「何がその人を傷つけているのか、どの方向へ行くべきか、何が重大な問題なのか、どんな経験が深く秘められているのか、などを知っているのはクライエント自身である」という事実を自分が経験するのに役立ったと言っている。

クライエントとはじめのうち行なっていたのは、ロジャースが自分の考えに従って行なう、いわばカウンセラー中心のカウンセリングだった。おそらく子どもについて理解できたことを、母親に説くというもので、カウンセラーがリーダーシップをとったカウンセリングだったのだろう。しかし、クライエントが「それじゃあ、私、受けてみたいのです」と言って座り直したときから、彼女が、カウンセリングが向かっていく方向も、そこで探求していく内容も、自分で選びリードするという、クライエント中心のカウンセリングになったのである。

クライエント中心のカウンセリングは、他者を尊重するカウンセリングであり、カウンセラーがクライエントより高い位置にいて威張って権威主義的に振る舞うのでないからよい、民主的だからよいと感じる人がいるだろう。そこにはロジャース個人の暖かい人柄や価値観が反映されているかもしれない。しかし、ロジャースには、実用主義的な面がある。このカウンセリングの体験のように、クライエント中心でカウンセリングをしていったら、クライエントが変化した、このやり方が役に立つようだからという理由から、採用され形作られていったのがクライエント中心のカウンセリングだと思われる。

カウンセリングとアドバイス

高い熱が出たりひどい痛みを感じたとき、われわれは病気になった、治してもらおうと考えて、医者のところにいく。治療を受けるときには、「どうされましたか？」「どこが痛むのですか？」という医者の質問に答えて、どこが痛むのかを教えたり、熱や痛みがいつから始まったか、程度がどのくらいかを話す。治療をしてくれるのは医者で、患者としては医者の指示に従っていれば、治療が進められ、やがて終わっていく。患者としての自分が積極的に振る舞うのは、自分の身体の問題を感じ、治療が必要であると自覚し、医者のところに行くまでであり、あとはほとんど受け身で、医者の指示に従っていればそれでよいのである。

カウンセリングについても、医者の治療と同じように考えている人が多くいる。カウンセラーが、こちらの訴えるところを聞いて情報を収集し、そこから「あなたはこのように振る舞うといいでしょう」「ここはこう考えるべきです」といった的確なアドバイスを与えてくれ、その結果問題の解決に至るのがカウンセリングだ、と考えている人が多くいるだろう。また、カウンセリングを新聞や週刊誌の人生相談欄で展開されているような相談事に対し回答することであると考えている人もいるだろう。次に記すのは相談とそれに対する回答（読売新聞　二〇〇二年五月十五日朝刊）である。

夫の冷たさに涙出る、我慢続けるべきか悩む三十代主婦

三十代の主婦。結婚五年目ですが、夫の冷たさに失望しています。現在三歳の子どもを妊娠していた時のことです。腰痛がひどく、夫に「腰をさすってほしい」と頼んだら、夫はテレビを見ながら、足を使って腰をさすりました。子どもが生まれたばかりのころには、「おむつをかえて」と一度だけお願いしたら、「母親失格だ」と怒られました。実は当時転職し、経済的不安があって必死に家計をやりくりしていたのに、「お金のことしか頭にないのか」とまで言われたのです。その時は聞き流していましたが、冷静に振り返ると、ひどいことを言われたことに気付きました。夫を幸せにすることが私の幸せだと思って頑張ってきましたが、思い出すたびに涙が出ます。このまま我慢をしながら生活し続けるべきなのでしょうか。

（京都・民子）

我慢することは、ありません。いやだな、と思ったら、いやだとその場で言いましょう。「テレビと私と、どちらが大事なんですか」「私が母親失格というなら、おむつ一つかえられないあなたは、父親失格です」「お金あっての生活です」と遠慮なく言い返しなさい。夫が怒るなら、あなたも怒ることです。それでこそ夫婦というものです。言いたいのに言わないでいると、腹がふくれるだけ、あとになると、かえって煮えくりかえります。その場で、みんな発散してしまいましょう。

世の夫は、あなたの夫と似たり寄ったりのところがあり、いちいち気にしていたら、身が持ちません。とはいえ、あなたの夫はあまりにひどいので、今後のことも考えて、一度しっかりおきゅうをすえておいたほうがいいかもしれませんね。そして結婚生活はこうあるべきだと堅苦しく考えず、がんばるなんて言わずに、適当にちゃらんぽらんに、やっていきましょうよ。

出久根達郎（作家）

この主婦は、夫の冷たさに失望していて、このまま我慢をしながら生活し続けるべきなのかと相談を持ちかけている。その訴えを理解して、回答者は、「遠慮なく言い返しなさい」「あなたも怒ることです」と述べて、我慢をすることはないと明確な解答、アドバイスを与えている。このようなわかりやすく明確な答えを、カウンセリングにやってくるクライエントの多くも求めている。実際にクライエントのなかに、自分の抱えている問題についてカウンセラーに一通りの説明をしたあと、「これで、全部です。先生のお答えを教えてください」と言って、解決のためのアドバイスを求める人もいる。

しかし、カウンセラーは、とくにクライエント中心のカウンセリングを行なうカウンセラーは、アドバイス、解決策を与えるということをしない。もちろん、企業のカウンセラーが、不安が非常に強かったり、うつ状態になってやってきたクライエントに、精神科を受診し投薬してもらうことを提案することがある。高校のカウンセラーが、自分が専攻したいことを学べる大学がわからず困っているクライエントに、進路についての情報、あるいはその入手の仕方を教えることもある。しかし、多くの問題は、クライエントのパーソナリティのあり方が密接に関わっており、そんなときはアドバイスを与えるということをしないだろう。

先の人生相談でいうと、回答者の我慢をすることはないというアドバイスをもらって、主婦は、そうか、夫に我慢をすることはないんだ、と思うかもしれないが、いくらよいアドバイスだったとしても、それは人から言われたもの、付け焼き刃的に外から与えられたものに過ぎない。それが自分と夫の場合にふさわしいものであるかどうかを、ちゃんと自分のなかで理解したうえでなければ、自信を持って夫に言い返したり怒ったりすることはできないだろう。

また、この主婦は、我慢すべきかどうかを相談してきているのだから、自分でも我慢しないで言い返したり怒ったりしようと考えてきたはずで、それがうまくいかなかった可能性も高い。我慢しないで一度は思い切って言い返してみたが、夫の一言でそれ以上何も言えなくなってしまったかもしれない。そこには彼女のパーソナリティがかかわっていると言える。カウンセリングでは、そういうパーソナリティのあり方を含めて、本人とともに時間をかけて理解し探っていくなかで、問題の解決が得られるようになるのである。

依存を生むアドバイス

クライエント中心のカウンセリングでは、アドバイスをすることが、依存的な関係を生み出してしまうと考える。ロジャース（１９６６b）は、次のような、カウンセラーのアドバイスが生み出した依存的な関係を報告している。

戦時中、あるひとりの経験もないカウンセラーが一人の兵士を援助しようと努力していた。クライエントは無届けの外出をしたために営倉に入れられていたが、彼との面接によって、無届け外出が、妻と義母を含む複雑な結婚生活から生じたということがわかってきた。義母に対して、彼は敵対的であり口汚かった。何回かの面接から、カウンセラーは義母に対するクライエントの態度が不適当であると感じ、もし彼が義母との関係を改善するなら、結婚生活が改善されるだろうと考えた。カウンセラーはそのことをクライエントにわからせようとして、義母に親しみの感情のこもった手紙を書き送るようにアドバイスした。しかし、クライエントはカウンセラーの説明をはねつけ、手紙を書くことを拒んだ。

このような指示的なカウンセリングは、通常ならこの時点で終わり、クライエントがカウンセラーの言うことを受けいれることなく離れていくのであるが、このクライエントは営倉に入れられていたために、カウンセラーのもとから去ることができなかった。さらにカウンセラーがつっこんで議論をし説得することになり、その結果、ついにクライエントは、アドバイスされた通りに義母に手紙を書いた。

クライエントは心からアドバイスを受けいれたわけではなく、義母への手紙が役に立つとは思っていなかったが、驚いたことに、義母から親愛の情のこもった手紙が届き、また、妻からも手紙が届けられた。どちらも結婚生活が立て直せるという可能性を示す手紙であり、クライエントはとても喜んだ。カウンセラーも喜んだ。しかし、カウンセラーの喜びは間もなく当惑に変わっていった。クライエントが自分が抱えているたくさんの問題について、カウンセラーに会って話そうとするようになったためである。カウンセラーはクライエントのためにいろいろなことについて決めてくれるように要求されることになってしまい、そこに依存的な関係が発展していったのである。

カウンセラーのアドバイスによって、クライエントは、自分が自分自身を知っているよりももっとよくカウンセラーが自分を知っていると考えるようになる。そして、自分が努力するよりも、そのもっとよく知っている人に頼ればよいのだという結論が出され、そこに依存的な関係が発展していくのである。

クライエント中心の意味

クライエント中心のカウンセリングは、依存的な関係を発展させることを拒もうとする。クライエント中心とは、たとえ問題を抱え不適応の状態に陥っているとしても、クライエント自身が望ましい方向に向かって変わっていく主役であるという意味をもつからである。クライエントが主役であり、たとえいまがどんなにひどい状態であっても、自分で変わっていくだけの力をもっている。このことを前提にして、カウンセラーはクライエントが自分で変わっていく手伝いをするのである。

　以前文章完成検査を使って、アメリカの人たちと日本の人たちの反応を比較したことがある。印象深かったのは「人々が自分ではどうしようもないほど無力であるとき……」という質問項目に対して、アメリカの人たちの反応のなかには「私は、彼らが自分自身を救い出すやり方を見つけるように手助けしたい」「彼らの無力さや他の人たちに対する依存を長引かせるよりも、自分自身を助けるように手助けするのがベストである」（レヴィンジャーとウェスラーLoevinger,J. and Wessler,R. 1970b）といった反応があったことである。このような反応は、日本の人たちの反応の中には見つからなかった。

　クライエント中心の姿勢とは、ロジャースの生まれ育ったアメリカの人たちの文章完成検査への反応のなかにあったような見方、クライエントが自分で望ましい方向に変わっていく努力をする、カウンセラーはその手伝いをするのだということをいっている。クライエント中心のカウンセリングは、かつて日本で大いに受けいれられたが、自分で自分を助けるというような発想は、どの程度受けいれられたのであろうか。

　ある摂食障害の女性クライエントは、中学生時代の母親との関係について語る中で「家庭科の宿題、裁縫だったんですが、私がまごまごしていたら、母が『貸してごらん』と言って、私の手から奪い取ってさっさとやってしまったんです」と述べていた。彼女はこれを「そのときは楽で助かりました。でも、私が成長するためには何の役にも立ちませんでした」と評していた。われわれ日本で生まれ育った人間は、この母親がクライエントにしたような援助、相手に成り代ってしてあげてしまうといった援助に馴染んでいるのであり、クライエントが自分で変わっていく手伝いをすることは、自然に行えるようなものではなく、意識的な努力や訓練によって身についていくものではないかと考えられる。

期待はずれをすること

「自分のことがよくわかっていない。自分のことをちゃんと考えてみたい」「この失恋が自分にとってどんな意味があったのかとらえなおしてみたい」といった理由でカウンセラーのもとにやってくるクライエントは、自分で取り組むという姿勢を強くもっていることが多い。クライエント中心のカウンセリングはこのようなクライエントにとっては、その期待に沿わないということがあまりないだろう。しかし、アドバイスを求める多くのクライエントの場合、クライエント中心のカウンセリングは、その期待に沿わないところがある。

あるクライエントは、カウンセリングが始まって間もないときに、期待が満たされなかったことについて、「最初にここに来たときは……私の問題をすぐに解決してくれるようなアドバイスがあるのだろうと思っていましたが、それがないんですね。正直なところ、ちょっと不満というか期待はずれだなという気持もあるのですが、でも、これまで三回お会いしていて、ずっとアドバイスらしいアドバイスがなかったので、かえってはっきりわかったのですが、ここだと落ち着くことができるなあ、自分の気持ちがずいぶん話せているなあ、これまで、こんな時間なかったなあって感じています」と話していた。

この正直なクライエントの言葉から、彼女が問題をすぐに解決してくれるようなアドバイスがあることを期待してやってきており、カウンセラーがその期待に沿わなかったことがわかる。もし期待に沿わなかっただけであれば、カウンセリングはほとんど進まないうちに中断したであろう。しかしまた、このクライエントはカウンセリングの場が、落ち着いた気持ちにさせてくれ、自分の気持ちを話せる場になっていることを評価している。このためにカウンセリングが中断しなかったようにみえる。

もう一人のクライエントは、自分が大学の友人から恋愛の相談をもちかけられたときのことを、次のように話した。

「昨日、友だちに、彼氏とのことを相談された。うまくいかなくなりかけているんじゃないかって、心配になったらしい。こういう相談を持ちかけられるときって、私は少し落ち着かない気持ちになってるんだと思う。何かその人のためになることをいってあげなきゃとまず思って、相手のこと一生懸命に考えて、なにかその人のためになることを言おうとしちゃう。でもそれって、たぶん本当は自分のためにっていうか、その人といやな関係になりたくないために言ってるって気がする。

昨日の子はそうじゃないけど、同じような恋愛の相談で、もうこれは終わっているなってわかるときがある。そんなときでも、私は希望を持たせるようなことをなにか探して言ってしまう。一瞬は気持ちを明るくさせてあげるようになるかもしれないけど、なにか悪いことしたなって気にもなる。

昨日のことがあったんで、思ったんだけど私の相談のやり方と、先生のやりかたは、ずいぶんと違う。先生にはこうしなさいは言ってもらえないけど、どこか落ち着く。先生が答えを教えてくれたことはこれまで一度もなかったんじゃないかなって思う。でも、よく聴いてくれてる。それが私には助かる。これはだいぶ前にそうじゃないかって気がついたんだけど、先生は、私に自分で考えさせて、自分で答えを見つけるようにしているんじゃないかと思う」

このクライエントの言葉は、日常行われている相談とクライエント中心のカウンセリングの違いをよくあらわしている。クライエントが気づいた「先生は、私に自分で考えさせて、自分で答えを見つけるようにしているんじゃないかと思う」という言葉は、クライエント中心のカウンセリングがねらっているところをよくあらわしている。クライエント中心のカウンセリングでは、クライエントは自分の問題に自分で取り組んでいく。カウンセラーはそれができるような雰囲気のある場をクライエントに提供する。その中でクライエントは自分の問題の答えを見つけていくのである。

カウンセラーは、クライエントの期待を裏切ることが多いのであるから、受け身に聞いているだけではいけないのであって、後に解説する基本的な姿勢をできるだけ保って、少なくとも「このカウンセリングは、最初に期待していたのとは違っている。アドバイスはもらえないし、時間もかかりそうだ。でもこのカウンセラーとやっていこう」とクライエントに思ってもらうことが必要であろう。

第二章
人間をどうとらえるか

カウンセリングは、その立場が人間をどのようにとらえているかということと分かちがたく結びついている。人間を弱くて消極的であるとみなしているか、積極的で有能な存在とみなしているかで、カウンセラーの働きかけはずいぶん違ってくるはずである。ロジャースも、クライエント中心のカウンセリングを唱えるのと併行して、その立場が人間をどうとらえるかを、「自己理論」としてまとめている。ここでは、その自己理論とカウンセリングの理論の大枠を述べていく。

第一節　人間についての二つの仮定

人間の生きる世界――私的世界・主観的世界

冬のある日の夕暮れ時、強く吹きつける吹雪の中を馬に乗った一人の男が宿にたどり着いた。彼は何時間もの間、一面の雪のために道も陸標も覆われた風の吹き荒ぶ平原をやってきて、こうしてこの避難所にたどり着けたのは幸運であった。ドアの所へ出てきた主人は驚きの眼差しでこのよそものを眺め、そして彼にどこからやってきたのかを尋ねたのである。男は宿とは全く反対の方を指差したが、すると主人は畏怖と驚異の声で言った。「コンスタンス湖の上をやってきたことを知っているのですか」

それを聞いて、男はばったりと倒れ、宿屋の主人の足下で息絶えた。

これは心理学者のコフカ Koffka,K.（1985）が紹介しているドイツの伝説である。この話の中に登場する吹雪の中をやってきた男は、客観的な事実としては、凍って雪が積もったコンスタンス湖の上を渡ってきた。しかし男は、自分の主観的な世界では、雪の下に湖があるなどとは少しも考えず、雪が積もっている大地が広がっているのだと思った。だからこそ、その上を通ってくることができたのであり、もしそこに湖があるのを知っていたなら、いつ氷が割れるか怖くて、渡ってくることなどとてもできなかったに違いない。

このような人間が客観的な事実に反応しているのではないことを示す話は、われわれのまわりにいくらでも見つけることができる。たとえば、ブランドもののバッグを見て、めったに手に入らない貴重なバッグで、喉から手が出るほど欲しいと感じ、おそるおそる手に取ってみる人もいるだろうし、冷めた目でただの便利な入れ物としてのバッグがあると感じ、何のためらいもなく手に取り、入れ物としての出来ばえ、もちやすさや小物がどのくらい入るかを冷静に確かめ、放り投げるようにしてもとの場所に戻す人もいるだろう。

うちのお母さんは世界一の美人だと感じている幼い子どもがときどきいる。コームズ・スニッグCombs,W., & Snygg,D.（1970）は、そんな子どもについて次のような報告をしている。「最近私は、ある一人の幼稚園の子どもが、一人の小さな女の子が真新しいパーティ・ドレスを着てどんなにきれいに見えたかを、先生に話そうとしているのを聞いた。『その子はね、まるで……、まるで……、まるでお母さんみたいにきれいだったんだよ！』、と、その小さい男の子は、自分が思いつくいちばんきれいなものを心の中でさがしながら言ったのであった。ところが事実は、外部の観察者の観点から見ると、この子どもの母親は非常に平凡な女としかいいようがなかったのであった！　しかしながらこの小さい男の子にとっては、自分の母親は、美の縮図であって、それによって美しさが判定されることになる基準なのである」

人間はみな、絶え間なく変化している経験の世界に在る、とロジャースは仮定している。私たち人間は、自分が見たり、聞いたり、肌で感じたりしている私的世界、主観的世界に生きているというのである。路上に大きな石が落ちていたら、みな同じようにそれをよけて歩いて行く。そんなことを思い浮かべると、私たちは、誰にとっても変わらない客観的現実があって、それに対してみな同じように反応しているように思われるのだが、ロジャースは、私たちが反応するのは、絶対の現実、客観的現実にではなく、極めて主観的な現実、自分がそうだと認めたままの現実に対してなのだと考える。

「人間は、知覚の地図によって生活している」とも、ロジャース（1967a）は言っている。絶対の現実と主観的にそうだと認めた現実の関係は、実際の場所と地図の関係にある。人間は、実際の場所ではなく、そのような地図を見て、それに基づいて生きているのである。

人間であるクライエントも、悩みや問題や自分の置かれている環境を自分の流儀でとらえているし、親をはじめとする周囲の人々やカウンセラーについても自分がそうだと認めたままの独自のとらえ方をしている。

この私的世界は、本人が中心であり、純粋には本人にしか知ることができないが、カウンセラーのような他者も、その私的世界に共感的理解をすることによって接近することができる。そのような私的世界をロジャースはとても大事にしている。

人間が備えている傾向——実現傾向

ロジャースは、人間には、その人を動かすただ一つの傾向として、実現傾向が備わっていると考える。可能性の実現に向け、言い換えると依存から自律に向けて、成長、成熟に向けて、自らを発展させていこうとする前向きの傾向が、本来備わっているのだというのである。

ただ一つ実現傾向があるだけなんて、一面的だし単純過ぎるし、そもそもそんなすばらしい傾向がもともと人間に備わっているのなら、不適応に陥る人などいないはずではないかと言いたくなるような話である。実際にはクライエントの中には、長い間いろいろな症状に苦しみ、鎧を着たような状態をずっと続けているような人もいるだろうし、依存ばかりが目立って、前に向かって進むという動きがなかなか見えない人もいる。ロジャースが強調しているのは、可能性の実現に向け進んでいくのは簡単ではないが、それでも人間は、前に進んでいく、というところである。

適当な心理的風土のなかで、この実現傾向は可能性にとどまっていないで現実のものとなっていく。植物は芽が出て、葉が茂り、花が咲きやがて実を結ぶ可能性をその種子のなかにもっている。しかし、そのような植物としての成長、発展を遂げるためには、水がなければならないし、太陽の光が注がなければならない。土も必要であり、土の中には肥料も含まれていなければならない。これとよく似て、人間に実現傾向が備わっているとしてもそれが現実のものとなるためには、水や太陽の光に当たる心理的風土が必要になる。カウンセリングにおいては、この心理的風土を用意するのがカウンセラーで、その心理的風土のもとで、成長、発展を遂げていく植物がクライエントなのだということもできるだろう。

人間に実現傾向があるというのは、ロジャース個人の楽観的な信念に発するものに過ぎないとみられるかもしれない。しかし、この実現傾向の仮定と、クライエント中心でカウンセリングをしていくということが見事な一貫性をもっているように思える。

クライエント中心のカウンセリングをロジャース（１９６６ｂ）は「セラピスト（カウンセラー）がただ触媒的作用しか果たさないような治療法」とすらいっている。昔理科の授業で教えられたように、過酸化水素水は、そのままではほとんど変化しないが、触媒として二酸化マンガンを用いると、激しく酸素と水に分かれるという変化が起きていく。化学変化を起こす主役は過酸化水素水であり、触媒の二酸化マンガンは、その変化を促す働きをするだけなのである。そうやってロジャースは、カウンセラーの力を最小限に見積もり、カウンセラーがクライエントの中に備わっている建設的な力を信頼するが大切だという。

次に記すのは、カウンセラーがカウンセリングを始め、展開していくのに必要と思われる条件の一部である（ロジャース、１９６６ａ）。

(1)　カウンセラーが、人間は基本的には自ら力で責任をとっていけるものであるという原理に基づいて行動し、すすんでその責任をその人間に保持させようとするとき。

(2) カウンセラーが、クライエントは成熟し、社会的に適応し、独立し、生産的になろうとする強い衝動をもっているものであるという原理に基づいて行動し、セラピィ的な変化をもたらすために、彼自身の力（powers）に依存しないで、この力（force）に依存するとき。

ここでは、クライエント中心でカウンセリングをしていくという姿勢の意味が描かれている。とくに(2)にある「成熟し、社会的に適応し、独立し、生産的になろうとする強い衝動」が、実現傾向のことに他ならない。

「私があなたを直します。だから私にまかせて、言う通りにしなさい」といった姿勢で、カウンセラーが自分がもっている力で、クライエントに働きかけ、操作し、コントロールし、変えていくという場合は、実現傾向など仮定しなくてもよいかもしれない。無力で、自分のことをどうすることもできないクライエントが、有能で有力なカウンセラーによって変えられるのであるから。しかしそれに対して、クライエント中心の姿勢は、クライエントの治療的変化をもたらすために、カウンセラーが彼自身の力に依存しないで、クライエントの力に依存する。それはカウンセラーがクライエントがもっている力を信じること、クライエントに前進的な力があることを前提としており、実現傾向の仮定と、一致したものなのである。

なお、カウンセラーのところにやってくる「お客さん」であるクライエントが、もし医者のところに行けば、「患者」と呼ばれることになる。患者という言葉を使う場合、患者は病んでいて正常ではなく、医者が患者の病気を治すという前提に立つことになってしまう。このような患者という言葉に含まれる病んでいて無力であるといった意味合いを避け、クライエントという言葉を用いるのだと考えてよいだろう。

クライエント中心のカウンセリングでは、何をカウンセリングの中で話していくか、どの方向にカウンセリングが進むべきなのかは、クライエントにゆだねていけばいいと考える。

夫と別れたかったC子

たとえば、中学生の息子の不登校に悩んで来談した母親C子とのカウンセリングでは、次のような話の流れの変化があった。

C子は、はじめのうちは、毎朝クラスメイトたちを迎えによこしてくれると言った担任の先生の親切な計らいのありがたさと、それに頑として応じようとしない息子への困惑を語っていた。また、息子の「母さんたちは本当のことを言ってない」というような反抗的な言葉に対する困惑、家から一歩も外に出ようとしないで昼夜逆転した生活を送ることへの心配を語っていた。

やがて、彼女は、息子が中学生になって、以前の全くの子どもといった状態から離れ、少しおとなの男性に近づいてきたことに不安を感じて、自分が息子に前よりもきつく当たるようになったことや、息子が父親、即ち彼女の夫に似てきたことに苦痛を覚えていることを自覚するようになった。これが息子が不登校になる少し前に起きていたことなのである。

その後のある面接のとき、C子は、結婚する前に、つきあっていたわけではないが好きな男性がいたこと、その男性とはどうしても別れなければならなかったことを語った。さらに、夫との結婚は心からそれを願ってのものではなく、結婚したときもそうであったが、現在も夫に心を許していないことなどを語り、「母さんたちは本当のことを言ってない」という息子の言葉は、夫に対する気持ちをごまかしてきた自分に対して向けられたものだと言うようになった。

その次の面接では、C子は、夫が嫌いで離婚したいくらいだという気持ちを語った。

今まで自分の気持ちを押し殺して夫と暮らしてきたが、今は我慢できないくらいに夫が嫌いだという気持ちが強くなってきているとまで言うようになった。夫への感情や夫との関係の話題が多くなった分、息子の不登校についての話は減っていった。

C子とのカウンセリングは、その後も長く続いた。彼女はやがて、夫にもいいところがある、あの夫だから、こんな私とでもやってこれたのかもしれない、と言うようになった。これにともなって、家の中での彼女の夫との交流の仕方が変わり、家の雰囲気も変わっていった。ちょうどその頃、息子は登校するようになった。

このC子の場合、カウンセリングの話題は息子の不登校のことから始まり、夫への感情、二人の関係へと大きく変化している。夫への感情は、離婚したいほどの否定的な感情から、かなり肯定的な感情へと変化していった。このような話題の変化が起きたときに、クライエント中心のカウンセラーは、話が横道にそれてきた、これはまずいなどとは考えない。むしろ、それまで以上にクライエントがカウンセリングの中で話していくか、どの方言葉で語り始めたと感じるだろう。何をカウンセリングの中で話していくか、どの方向に進むべきなのかは、クライエントにゆだねていけばよいのであって、カウンセラーはそのままクライエントの話に沿っていくのである。

第二節　経験と自己概念

経験の性質

経験experienceとは、人間はみな、絶え間なく変化している経験の世界に在る、とロジャースが言うときの、経験であり、「有機体の中で起こっているもので、いつでも意識される可能性のある潜在的なもののすべて」（ロジャース、１９６７ａ）を指している。

われわれの私的世界では、瞬間ごとに新たな出来事が起きている。たとえば、自動車の音がしたり、鳥の声が聞こえたり、エアコンの動いている音がしたり、人が動くのが見えたりと、いろいろな出来事が次々と起きている。これを人間が瞬間ごとに新たな経験をしている、と言い換えることができる。経験は、体験と言い換えてもよいのだが、外傷体験のように特別大きなインパクトのある体験をいうのではない。私的世界の中で、瞬間瞬間に味わい、感じ取り、次々と変化していくことをいうのである。

一般的にわれわれは、何かを経験しているというとき、それを意識していると受け取りがちである。しかし、経験には意識していると言えない場合がある。

たとえば、イスに座っている人は、イスが自分のお尻に加える圧力を経験しているが、そのことをいつも意識してるわけではなく、むしろ意識していないままでいることの方が多いだろう。「イスが固くありませんか」などと人から指摘されたりしたときに初めてその圧力を意識するようになったり、長時間座っていたときに、自発的に「お尻が痛いな」などと意識するようになるのである。

このように経験には、意識していると言えないものまで含まれている。ロジャースは経験のすべてでなく、そのほんの一部分が、意識的に経験されると述べている。ロジャース（1967a）は「経験の多くは、地を構成しているが、それは図となりうる」とも言っている。図2―1の絵には何が描かれているだろうか？　これは反転図形と呼ばれるもので、ゲシタルト心理学の説明によく用いられる。ある形を成して見えるのが「図」、そのとき背景になっているのが「地」と呼ばれる。ある部分が「図」になるときは、隣接する他の部分が「地」になっている。これは盃の絵のようだと思って見ているうちに、盃の輪郭だったところに向き合った人の顔が見えてくる。そうなると、盃に見えたところは、ただそこに空間が広がっているという印象しか与えなくなる。そのようにして地を成していたものが、図になるのである。これと同じようにして、地を成していた背景に退いていた経験が、図となりはっきりと意識され

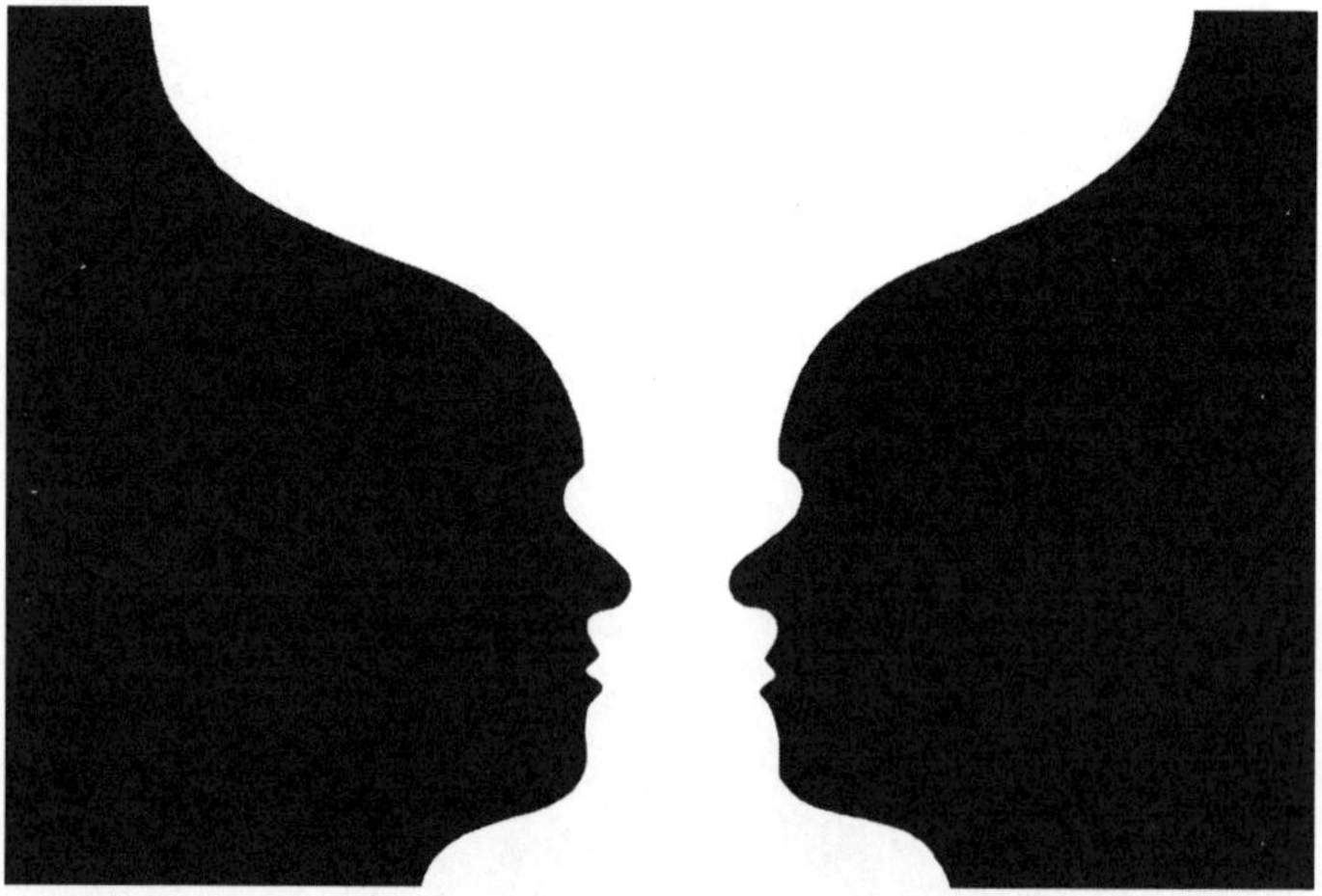

図２−１　反転図形

ルービンの盃と呼ばれる有名な反転図形である。ルービン（Rubin, E., 1920）が作成したが、図は小川捷之・椎名健（1989）による。

るのである。血液の中の血糖値の変化といった、純粋に生理学的な、意識される可能性のないものだけが、経験に含まれないのである。

身体ごと感じていること

ロジャースは、経験をよく、有機体の感官的・内臓的経験(sensory and visceral experience）と表現する。われわれは「お腹で感じる」「胸で感じる」というとらえ方をするときがある。悲しいときには、力が抜けてしまった感じ、砂を噛むような感じがすることがあるし、うれしいときにもうれしいときなりの身体の感じがある。ロジャースは、経験を身体ごと感じていること、心身双方にまたがることだと考えているようである。

Y美は、二四歳のときに最初のお見合いをし、その相手の男性と結婚した。自分でそろそろ結婚を考えてもいい年令になってきたと感じたこともあるし、若くして結婚した母親が、彼女に「あなたも早く結婚しないと」と強くすすめたこともあった。また、結婚相手としての条件は、収入をはじめとして世間でいわれているをすべて満たしている相手でもあった。彼女は、相手の男性を素敵だとか好きだと感じたわけではなかったが、嫌だとは思わなかったので、結婚に踏み切ったのである。

しかし、一緒の生活を始めてみて、すぐに困ったことが起きてきた。それは、夫の衣服の洗濯をするときに起きてきた。夫が脱いだ下着などとくに汚れているわけではないが、彼女はそれに直接触ることができなくなったのである。

その後、Y美は、自分の状態を人に聞いてもらううちに、それまではっきり意識できていなかった、自分は夫が好きではないのだという気持ちをはっきりと自覚するようになり、実家に戻って離婚した。

Y美は、自分は夫が好きではないのだという気持ちを後になって意識するようになったのは結婚してかなり経ってからであった。しかし、それ以前から夫の衣服の洗濯をするときに、言葉にすればぞっとするといった感じとなる経験が生じていた。それは自分では気づかないようにしていた、夫が好きではないのだという気持ちを指し示していたと言える。このように身体ごと感じていることの方が、自然で、いつわりのない自分の気持ちを表していることがよくある。ロジャースは、人間はこの感官的・内臓的経験に、もっと忠実に生きていくのが望ましいあり方だと考えているのである。

自己概念の性質

夫の衣服の洗濯に困難を覚えるようになったY美は、結婚した当初は、「自分は夫のことを大切に思っている妻である」「自分は夫がいやではない」と思っていた。それが彼女の自己概念（self concept）となっていた。

自己概念ついて、はじめロジャースは、それは曖昧で無意味であるという先入観があって、重視していなかった。しかし、カウンセリングにやってくるクライエントは頻繁に自己という言葉を使うのであった。クライエントは「一体自分は何者か」「私は本当の自己になっていないようだ」「本当の自己がわからない」「私はかつて自分自身になる機会をもったことがない」「思い切って自然に振る舞って、そのままの自分でありたい」「うわべの殻を破ったら、ずいぶんしっかりした自己をもてるのに」（ロジャース、1967a）などと盛んに自己、自分と表現するのにロジャースは気づき、自己概念を無視することはできないのだと考えるようになった。

自己概念は、人間が意識し得る自分自身についての受け取り方、自己観であり、「意識化することを許される自己の知覚の体制化されたゲシタルト」（ロジャース、1967a）と定義されている。

自己概念は、自己の知覚、われわれがこれが私という人間であり、私に関わることなのだと認めることから成り立っている。その中身には、「私は怒らない。私は怒るような下品な人間とは違うのだ」「私は見栄っ張りだ」「私は勇気がある」「私は優秀だ」「私は頭が悪い」といった自己の特性や能力の知覚が含まれている。また、関係についての知覚、「母がいないと私はとても生きていけない」「私は父を嫌っている」といった他者との関係、環境との関係における自己についての知覚も含まれている。

自己概念は、このような自己の知覚から成り立っているのだが、ロジャースは、自己概念がゲシタルトであると述べている。ゲシタルトというのは、まとまりをもった構造という意味の言葉で、ロジャースは、この言葉を使うことによって、自己概念が自己の知覚の寄せ集めではなく、まとまりをもった一つの構造をなしていることを強調している。自己概念は「私は優しい」「私はときには怒る」「私はのんびりしている」

「私は見栄っ張りだ」といったバラバラな自己知覚の単なる寄せ集めではなく、一つのまとまった構造、ゲシタルトを成しているものなのである。

意識化することを許されるというのは、自己概念が、必ずしも意識されているとは言えないことを意味している。自己概念は、必ずしも意識されていないが、意識することを許容されているという性質のものなのである。経験についても、いつでも意識される可能性のある潜在的なものとして、よく似た性質であるかのように思われる表現が使われているが、経験の中には、意識される可能性はあるとしても、意識化を強く拒まれるようなものが含まれるのに対して、自己概念は、ずっと意識寄りであり、いつでも意識することが許されていて、簡単に意識できる性質のものなのである。

自己の中にある他からの借り物

B子は、精神科医のすすめで、カウンセリングにやってきた。

彼女は、一人前の社会人として生きていこうという信念を持ち、会社に就職し、そこで一所懸命に努力しているうちに、仕事がつらくなり、元気がなくなり、疲れを感じるようになり、夜寝つくこともなかなかできなくなり、とうとう仕事を続けることができなくなってしまった。精神科医は、うつ状態の彼女に薬を出してくれたが、立ち直るためには投薬だけでは十分でないと考え、彼女にカウンセリングをすすめたのである。

カウンセリングの中で、B子は会社での真面目な仕事ぶりを話していた。あるとき、会社で行われた避難訓練のことが話題になった。避難訓練そのものは混乱もなく終ったのだが、彼女は避難後の集合場所に行くのが、他の人たちよりほんの少し遅れてしまった。彼女が到着したときに、訓練の終了が告げられており、誰も彼女がいないことに気づいてくれなかったのだという。

このとき、彼女は「これって存在を忘れられたってことだけど、別に驚きもしなかったし腹も立たなかった。あんまり感情は湧かなくて、やっぱりね、こんなもんだね、というのが感じたことに一番近いかな」と言った。この淡々とした反応を不思議に思ったカウンセラーが質問すると、彼女は無視されたり気づいてもらえないのはこのときに始まったことではなく、子どもの頃からずっとそうだったと答えた。そして、彼女は自分自身の性格について話題にするようになっていった。

B子は、自分でも、おとなしく控えめな人間だなと思っていたが、小さい頃から、自分はおとなしい、しっかりしていると周囲の人たちに言われていたという。小学校では、クラス担任から「子どもらしくない」と言われることもあったようだ。彼女は、しっかりしていると見られることは嫌ではなかったし、自分でもそうでなければならないとずっと感じてきたが、弟は自分勝手をしてもそれが許されていたが、自分にはそれが許されていなかったという。そのようにして自分と弟を比較していくうちに、母親が自分を受けいれてくれるのは、おとなしく控えめな子どもという点であり、そういう自分でないと母親が認めてくれなかったと話すようになった。また、比較的最近の高校や大学への進学や職業の選択についても「ぶつかることもしないで、母親の希望を先取りして決めてきた」と話すようになった。

このクライエントのおとなしく控えめで、しっかりしているという特性は、母親との関係から、母親に愛されたいために彼女が身につけていったものではないかと考えられる。それは、彼女の自己概念の中に他からの借り物の価値が入り込んでしまっているということもできるだろう。

自己概念には価値が関わっている。この価値には、その人が直接的に経験している価値、ほんとうに自分がそうだと感じている価値の場合と、他者から取り入れられ、もしくは受けつがれた価値、本人がそうだと思わされている場合がある。後者は、B子のように自己概念の中に他からの借り物が入り込んでしまった場合であるということもできる。

もともと他者にとっての価値だったものが、どのようにして本人の自己概念の中に取り入れられてしまうのかを、夫に愛想を尽かしている母親に育てられてきた幼い娘の話で考えてみよう（ロジャース、１９６７ａを参考にした）。

その娘が生まれたばかりの頃は、彼女はまだ自己概念をもっておらず、経験だけの世界に住んでいたと考えられる。彼女は、温かいミルクはとってもいいとそれを望み、塩やカラシを口にしたときは嫌だと吐き出し、目の前で回っているサークルメリーは大いに楽しみと、直接的に自分が経験していることにプラスやマイナスの価値を与えていたである。これが、その人がほんとうに自分がそうだと感じている価値であり、生まれたときから、このような歪みのない価値づけが行われているのである。

生まれてどのくらい経ってからかはわからないが、自己概念ができる頃から、その娘も重要な他者の肯定的配慮、すなわち好意、関心、愛情、承認などを求めるようになってくる。この欲求は、生得的なものなのかどうかはわからないが、だれもが求める普遍的な欲求である。

幼い娘にとって、自分の世話をし愛情を与えてくれる母親は、他のだれよりも重要な人物である。その娘にとって、母親が、自分に関心を示してくれたり、「私はおまえのことが好きだよ」と好意を示してくれることは、彼女にとってきわめて大切なもの、必死になって求めなければならないものになる。逆に母親に好意を示してもらえないのはとても恐ろしいことだし、嫌われたり見捨てられたりするのは耐えがたいことと感じられる。

母親は、夫（幼い娘の父親）を、離婚には踏み切らないにしても、愛想を尽かしひどく嫌っている。娘は、母親が自分にとって他の誰よりも重要な人物になっているという関係で、この母親から無条件ではなく、条件つきの肯定的配慮を示されたとしよう。すなわち、母親から、お前の父親は、性格の欠点も多く、また、家庭を顧みようとしない最低の人間であって、お前も当然あのような父親のことを嫌うべきだ、もしお前が父親を嫌うのだったら、お前のことを認めて可愛がってあげよう、という態度を示されたとしよう。

もしこれが繰り返し示されたならば、娘の心の中にいつしか、私はお父さんのことが嫌いなんだ、という思いが生じてしまうだろう。このとき、娘の心の中で歪められた理解が起きたということもできる。正しい理解は「私は、お母さんがお父さんを嫌っているのがわかっている」という理解である。しかし、彼女の心の中ですり替えが起り、お母さんの部分が抜け落ちてしまい、「私は、お父さんが嫌いである」と歪められた理解が起きてしまっているのである。こうやって、娘の心の中に、自分のもののではない価値、母親から与えられた、取り入れられた価値が入り込んでしまうことになる。

もともとは母親がもっていた価値、見方を取り入れた娘であっても、ときにはお父さんといるときは楽しいなとか、お父さんていいなといった経験をすることだってあるだろう。でも、それは彼女にとって認めるのがむつかしいものになる。それと認めやすいは、私はお父さんのことが嫌いなんだ、という彼女の自己概念の内容と矛盾しないものに限られてくる。たとえば、彼女は、夜遅く酔って帰ってきてリビングで寝てしまうといった、父親の些細なだらしなさを見るという経験をしたときに、「みっともないなあ。だから私はこの人のこと、嫌いなんだ」「これじゃ、嫌われるのも当然よ」と思ったりするのである。これらは、彼女が自然に本当に感じている経験と、自己概念との間にズレが生じてきているということを示している。

このような例はいくらでも見つけることができる。親が、腹を立てるなんて、良くないことだとみなしていた。そのために、子どもが、だれに対しても腹を立ててはいけないと思うようになったというのがそうである。また、親が、性的なことを、邪悪で汚いことと見なしていた。そのために子どもが性的なことをよくないこと、触れるのも汚いことと思うようになったというのもそうである。

このだれにそう思わされているかという部分は、意識されているとは限らない。そう思わされているとは意識していないで、自分がそう思っているのだと考えていることが多いのではなかろうか。クライエントの場合は、カウンセリングが進む中で、それが取り入れられたものであることが、明らかになっていくことが多いだろう。

この他人から取り入れられた価値に従う人は、他人の考えているものによって生きようとしているとも言える。そのような人が、やがてクライエントとなり「自分が本当の自分になっていない」と言うようになると、ロジャースは言っている。人が不適応になっていく基盤に、重要な他者の肯定的配慮を求めたのに対して、重要な他者が条件つきの肯定的配慮を示したという関係が存在しているのである。

子どもはみな重要な他者の肯定的配慮を求めるようになるのであるから、問題はその子どもに対して、重要な他者が条件つきの肯定的配慮を示した点にある。このとき、重要な他者がもし無条件の肯定的配慮を示してくれたら、つまり、子どもがどんな経験をしていようと、何が好きで何が嫌いであろうと、その子ども自身を一人の人間として大切に思ってくれたら、どういうことになるだろうか。これは実際には起こりにくい理想のあり方をいっているのだが、その場合、取り入れられた価値は生じることがなく、子どもは自分が経験することに、これは面白い、あれは嫌いだと自由に自然に価値づけしていくことができるだろう。他者から取り入れられ、もしくは受けつがれた価値は認められず、その子どもが経験することと自己概念の間にズレが生じることもないだろう。

第三節　経験と自己概念の関係

三つの関係

コーヒーを入れるのに、フィルターを使う。フィルターの上に挽いた豆を入れ、上からお湯を注ぐと、うまいコーヒーの成分は下に流れ落ちていき、必要のないものがフィルターに妨げられてその上に残る。

自己概念は、経験に対してちょうどフィルターのように作用するのであり、自己概念が経験のうち何をどう意識させるか、また、何を意識させないかを決めると考えられる。

経験と自己概念の関係は、三つに分けられる。（表2―1参照）

関係の一つ目は、自己概念との関係が知覚されない経験であるが、この経験は無視される。

表2－1　自己概念と経験の関係

①　自己概念との関係が知覚されない経験――無視

②　自己概念と矛盾しない経験――象徴化・意識化

③　自己概念と矛盾する経験――脅威・不安――防衛（否認・歪曲）

遠くで車が走っているとか、蛍光灯が壊れかけてちらついているといったことに関する経験は、自己概念とは無関係であり、大抵は意識に上らないで無視される。自分にとってどうでもいい経験だから無視される、どうでもいい経験だから図とならないで地となったままなのだと言ってもよいだろう。われわれの経験の多くは、意識される可能性はあっても、このように意識されないままである。これは、この後述べる三つ目の関係のように、拒否されて意識に上らないのとは異なっている。

二つ目は、自己概念と矛盾しない経験、首尾一貫している経験である。この経験は、象徴化、意識化される。

たとえば、自分は頭が良くて有能な人間だという自己概念をもつ人にとって、仕事を完成させたとか、テストで満点を取ったという経験は、何の抵抗もなく意識される。私は、子ども好きの良い母親であるという自己概念をもつ母親にとって、子どもの仕草を可愛いなと感じる経験は、何の抵抗もなくそのまま意識されるのである。

三つ目は、二つ目と正反対のもの、自己概念と矛盾する経験、相容れない経験である。たとえば、自分は頭が良くて有能な人間だという自己概念をもつ人が、テストでひどい点しか取れなかったという経験をした場合や、自分は魅力的な人間であるという自己概念を持っている人が、パーティに参加したときに誰にも相手にしてもらえなかったという経験をした場合がこれである。

この自己概念と矛盾する経験に対しては、矛盾の潜在知覚、相容れないことの潜在知覚が起きる。潜在知覚とは、意識的な認識よりも低い水準で刺激を識別すること、ある刺激が与えられたとき、自分ではそれと意識しないで識別することをいう。

潜在知覚の研究の流れは、最近ジャーナリズムでも取り上げられている「サブリミナル効果」に通じているが、ロジャースが自分の理論を作っていた頃、アメリカで潜在知覚の研究が行われており、彼はそれにヒントを得たのである。有名な話としては、「刑事コロンボ」シリーズの「意識の下の映像」がある。この映画では、広告関係の仕事をしている男が、ある男を殺すために、コマーシャルの映像の中に、冷えた飲み物のコマを挿入した。そのコマが映し出されたのはほんの一瞬であり、だれも冷えた飲み物が映し出されたことに気づかないようになっていたが、被害者となる男はそのコマーシャルの映像の上映中に、飲み物を飲みたくなり、抜け出して自動販売機のところまで行き、そこで犯人に殺されてしまう。この男は冷えた飲み物のコマが映し出されたとき、それが映し出されているとは意識しなかったが、その影響を受けて飲み物が飲みたいと感じ、自動販売機のところまで行ったのである。

ロジャースがヒントを得た研究としては、マクギニースMcGinnies,E.（1949）の中性語とタブー語を使った実験的研究がある。マクギニースは、「リンゴ」「踊り」といった中性語と「レイプ」のような、その言葉を知覚したときに不快さを覚えるタブー語を見せられたとき、被験者がそれらをどのくらいの時間で意識的に知覚できるかを測定した。その結果、タブー語の方が中性語よりも意識的に知覚するのに時間が多くかかることがわかった。また、タブー語は、意識的に知覚されていないときでも、それが見せられたときには、皮膚電気反応（発汗に伴って生じる生理的反応）が大きくなることがわかった。

マクギニースが使ったタブー語は、脅威を与える刺激ということができる。マクギニースの実験の結果から、人間は、脅威をもたらす刺激と脅威をもたらさない刺激を、それを意識する前に識別することができると考えられる。また、マクギニースの実験でタブー語を意識的に知覚するのに時間が多くかかったように、脅威をもたらす刺激については、それを意識することが抑えられるようになると考えられる。経験と自己概念という言葉を使うなら、人間がその自己概念にとって脅威となる経験をしたときには、脅威の潜在知覚が起き、その経験を正しく意識化することが妨げられるのである。

防衛の働き

この脅威、あるいは不安に対して防衛と呼ばれる反応が起きてくる。ロジャースがあげている防衛は、二種類しかない。

その一つは、否認、意識することの否認である。否認は、経験を意識しないことであるが、自己概念と経験の関係の一つ目のように、自己概念と無関係の経験を無視するのと違い、積極的に意識するのを拒むことをいう。否認は次のような例に見て取ることができる。

数学が苦手でまったく駄目だという女子高校生クライエントにあるカウンセラーが会っていた。彼女は、カウンセリングの中で、数字というものが一切書けないと訴えていたが、何回目かのカウンセリングのときに、カウンセラーに連絡先を教えてくれと頼んできた。カウンセラーが住所と電話番号を口頭で伝えると、彼女は手帳を出しその数字を書きこみ、それが終わると、彼女はまた数字というものが一切書けない悩みを訴え続けたという。（佐治守夫・飯長喜一郎、１９８３に基づく）

この女子高校生は、「私は数学が苦手で駄目であり、数字というものが一切書けない」という自己概念をもっている。彼女はカウンセラーの目の前で、手帳に数字を書いたのだが、その経験は自己概念と相容れないために見事に否認され、彼女は何事もなかったかのように、数字というものが一切書けないと訴え続けたのである。

もう一つの防衛は、歪曲、意識における歪曲である。これは、経験の意味を自己概念と一致するように歪曲して意識することをいう。

ある女性が買物に行き、自分が着たら魅力的だろうと思える二着のドレスを見つけ、それらのドレスを両方とも買った。彼女は自分が節約家であると思っており、友だちから「あなた、ドレスを二着も買ったのね」と言われることは、脅威になるかもしれないが、彼女は「大安売りだったから、買わずにはいられなかったのよ」と答えた。このようにして彼女は、脅威を解消しただけでなく、買い物上手の節約家としての自己の強化さえしたのである（コームズとスニッグ、1970に基づく）。

この女性の二着のドレスを買ったという経験の正しい意味は、自分を魅力的に見えるようにするドレスだから、値段が高くとも欲しかったということであろう。しかし、彼女は、自分は節約家であるという自己概念をもっていて、値段が高いドレスを二着も買うということは、自己概念と相容れないものであった。彼女は、経験の意味を歪曲し、買い物上手の節約家である自分が、大安売りをうまく活用したと考えた。屁理屈をこねるとか詭弁を弄するという場合に似ているが、この歪曲の内容であれば、自分は節約家であるという自己概念と矛盾がないのである。

ある青年は、今まで何度も機械を扱う機会があったが、うまくいかなかった。彼は、自分はメカに弱い、こういう仕事には向いていない、まったく駄目だと考えていた。ところが、誰も助けてくれない状況で、どうしても故障した車を直さなければならなくなった。まあやるだけやるかと思い取りかかったところ、意外にも車は直ってしまった。彼は、自分はまったく運が良かった、こんなことはもう二度とやれないだろうと思った（ロジャース、1967aに基づく）。

この青年は「私は全く機械を扱うのに向いてない」という自己概念をもっている。その彼が、故障した車を自分の手で直してしまうというあからさまな結果が現れてしまった。これほどあからさまな結果が現れたときに、否認するのはむつかしいのかもしれない。彼は、自分はまったく運が良かった、こんなことはもう二度とやれないだろうと思ったのであるが、これが歪曲をあらわしている。車が直ったのは運が良いためであり、偶然起きたことであると思うことができれば、「私は全く機械を扱うのに向いてない」という自己概念にとって矛盾は消えてしまったも同然である。ここまで自己概念に脅威を与えないように歪曲された内容であれば、意識に上ることが許されるのである。

防衛の目的

否認の例としてあげた女子高校生の自己概念は、数学も数字もダメだという否定的な内容である。数学が得意で数字ももちろん書けるし、うまく扱えるという自己概念の方がだれが見ても望ましい内容であり、認めやすそうに見える。故障した車を自分の手で直した青年も「私は全く機械を扱うのに向いてない」という自己概念は否定的である。自分が車を直した、私は全く機械を扱うのに向いていないわけでもない、やれるときだってあるんだという自己概念の方がだれが見ても望ましい内容である。他に、自分は頭が悪いと信じている大学生が、テストで良い点を取ったとき、「あの教授はちゃんと答案を見ていないんだ」といった歪曲をして、自分は頭が悪いと信じ続けようとすることもある。

これらから、多くの人から、社会から望ましくないと評価されている経験が防衛されるというのではなさそうである。みなが望ましくないと否定的に考えている経験であるためではなく、ただその人の自己概念と相容れないために、防衛されるのである。

また、先にあげた防衛の例で、大切な共通点が一つある。女子高校生は、否認することによって、「私は数学が苦手で駄目であり、数字というものが一切書けない」という自己概念をそのまま保つことができている。二着のドレスを買った女性は、歪曲をすることによって、「自分は節約家である」という自己概念をそのまま保つことができている。故障した車を自分の手で直した青年も、歪曲をすることによって、「私は全く機械を扱うのに向いてない」という自己概念を変えずに保つことができている。

数学も数字もダメだという女子高校生が「私は数学が苦手ではあるが、数字を書くくらいはできる」という自己概念の持ち主であれば、数字を手帳に書いている経験は否認されないですんだであろう。二着のドレスを買った女性が「自分はかなりの節約家であるが、自分を魅力的に見せるためだったら、多少の出費は惜しまない」という自己概念の持ち主であれば、大安売りをうまく活用したといった言い訳がましい理屈に頼る必要もなかったであろう。故障した車を自分の手で直した青年でいえば、「私は機械を扱うのに向いていないわけでもない、ときにはうまくやれることだってあるのだ」という自己概念の持ち主であれば、自分はまったく運が良かった、こんなことはもう二度とやれないだろうと歪曲する必要もなかったであろう。

ここから、何のために防衛が行われるのか、その目的がわかる。防衛の目的は、現在もっている自己概念をそのままに保ち変えないということなのである。

ロジャースの自己概念を説明しようとしたものではないが、個人心理学を唱えたアドラー派のカウンセラーである野田俊作（１９８７）が、人間が変わりにくいものであることをわかりやすい比喩を用いて説いている。

文房具屋さんがいたとしましょう。親の代からの文房具屋で、そう儲かってはいないけれど、何とか細々とはやっている。彼は「ああ、こんな商売はいやだ。もっといい生き方があるはずだ」と口癖のように言っていたとしますよね。それを真にうけて、彼のところへ行って「あんた、文房具屋なんかよりも儲かる商売があるよ。食べ物商売のほうが絶対儲かる。転職しなさいよ」と勧めたとしましょう。文房具屋は、ひょっとしたら一時は心を動かされるかもしれないけれど、結局はこういうでしょう。「なるほど今の商売はそう面白味があるわけじゃない。でも、子どもの頃から慣れた商売だから、とにかくよく知っている。大成功はおぼつかないが、大失敗もないことはまず確実だ。いま転職すれば、大成功するかもしれない。でも私は、その仕事のことを何も知らない。この年になって西も東もわからない仕事を始めたのでは、失敗する可能性のほうが大きい。なんと言っても不安だし、おっくうだ。まあ、やめておこう」

人間は変わりにくいものである。ロジャースの言葉で言えば、自己概念は変わりにくいものである。自己概念はそういう変わりにくいという性質を備えており、それを支えているのが否認と歪曲という防衛なのである。

第四節　心理的適応・不適応

図式による説明

ロジャース（1967a）は、パーソナリティのあり方を、経験と自己概念をあらわす2つの円によって図式的に表現している（図2―2参照）。領域は三つに分かれ、a、b、c、……と記されているのが各領域で起きている個々の事象（経験）である。

Ⅲは、自己概念と矛盾するために意識することを否認されている経験の領域である。「意識することの否認」に登場した数学が苦手な女子高校生クライエントで言えば、手帳に数字を書きこんだことに関する経験が、Ⅲの領域のcに相当する。彼女は「私は数学が苦手で駄目であり、数字というものが一切書けない」という自己概念をもっ

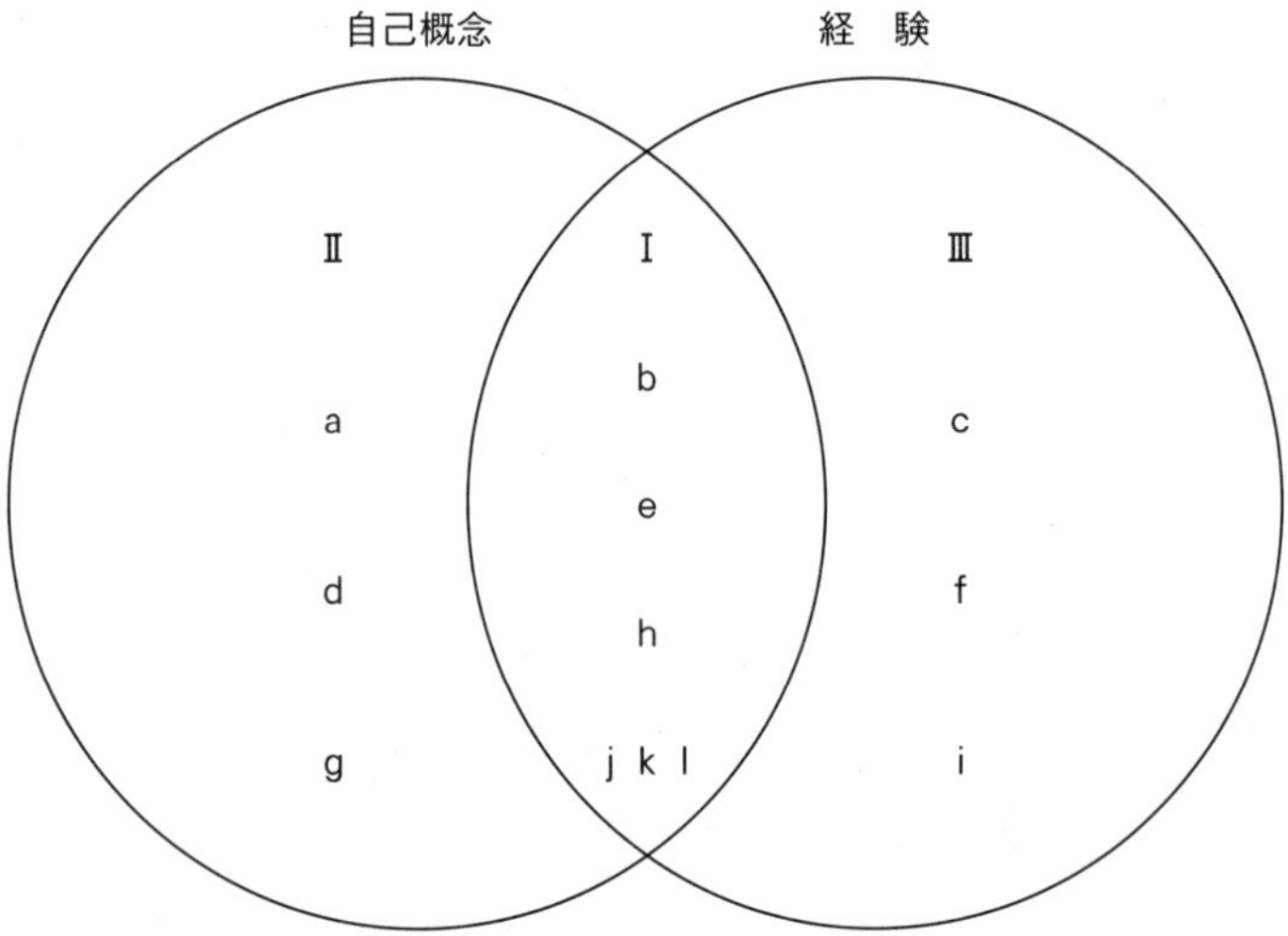

図2－2　全体的パーソナリティ

ているために、それと矛盾するcの経験は否認されてしまい、意識されないのである。

Ⅱの領域では、歪曲が起き、経験に即さないことが意識されている領域である。

「意識における歪曲」に登場した「私は全く機械を扱うのに向いていない」という自己概念をもっている青年で言えば、彼は故障した車を自分の手で直したという経験をしておきながら、それが自己概念と矛盾するために、運が良かった、もう二度とやれないだろうと歪曲した意識を生じている。この歪曲した意識は、彼の経験とはかけ離れており、経験とは重ならないⅡの領域のａとなるのである。

Ｉの領域では、経験が自己概念と矛盾しないため、そのまま意識される。ｂに相当するのは、数学が苦手な女子高校生で言えば、たとえば、数学のテストでひどい成績を取ったという経験である。この経験は、彼女の自己概念と矛盾していないため、「数学の点はひどいな」と意識されるのである。また、「私は全く機械を扱うのに向いてない」という自己概念をもっている青年で言えば、機械を扱うのに失敗するという経験がｂに相当する。この経験は彼の自己概念と矛盾していないため、「うまくやれないなあ」と意識にのぼることを許されるのである。

この図２―２では、自己概念を表す円と経験を表す円の重なりが小さく、アルファベットで示された事象の多くが、Ⅱ、Ⅲの領域に入っている。これは自己概念と矛盾する経験、相容れない経験が多くあることになるが、これを自己概念と経験の不一致という。この状態の人は、傷つきやすかったり不安を感じたりしている。不一致であればあるほど、その人は、心理的不適応であるということもできる。これに対して、二つの円の重なりが大きく、事象の多くが、Ｉの領域に入っている場合を自己概念と経験の一致という。一致していればいるほど、その人は、心理的に適応していると言える。

クライエント中心のカウンセリングによって起きるクライエントのパーソナリティ変化は、不一致の状態にあったクライエントが、より一致するという方向に向かっていく変化であると考えられる。自己概念は変わりにくいものであると述べたが、変わっていくのは、その変わりにくいクライエントの自己概念である。クライエントは、カウンセリングのなかで否認や歪曲をして意識していた経験を、意識するようになり、自己概念が、そのような経験を同化し、取り入れるように新しいものに変わっていくのである。

症状について

心理的な不適応、不健康の証のように見なされるいわゆる症状は、次のようにして現れるとロジャース（１９６６ａ）は考えているようである。

自分はすぐれているという自己概念をもっている大学生が、大学内で行われる大切な試験を目の前にして、ダメかもしれないと恐怖を経験した。その自分の弱点についての恐怖は、自分はすぐれているという彼の自己概念と相容れないものであった。そのため、恐怖は、校舎の階段を上ることがひどく恐くなるという不合理な恐怖として意識の中に現れてきた。この不合理な恐怖は、名前を付けるなら階段恐怖症とでもなるだろうか、恐怖症の恐怖ということができる。

彼の階段恐怖症は、自己概念と矛盾する経験があり、歪曲が行われた結果現れたと言える。試験がダメかもしれないという恐怖は、この大学生の自己概念と矛盾しているが、階段を上ることの恐怖は、別に自己概念と矛盾はしない。自分がすぐれているかどうかに全く無関係だからである。そうやって、自己概念が許容できるところまで、恐怖の対象を移動させた結果、階段恐怖症が現れたのである。

一人息子が一人暮らしをしようとしたときに、わけのわからない「病気」の状態になってしまった母親がいた。彼女が経験していたのは実は、大事な一人息子にしがみついていたい、彼を離したくないという願いである。しかし、彼女は、息子の成長、独立を望むよい母親であるという自己概念をもっており、この自己概念と、大事な一人息子にしがみついていたいという経験は矛盾している。このため、彼女の自己概念と矛盾しない「病気」になるという歪曲を生じたのである。

ロジャースは、カウンセリングにおいてクライエントの症状が消えるかどうかをほとんど問題にしていない。しかし、もしカウンセリングによってクライエントの自己概念と経験の矛盾した関係が、自己概念が変わることによって解消されると、その副産物のようにして、症状が消えていくと考えられる。症状は自己概念と経験の矛盾があるときに現れているからである。わけのわからない「病気」の状態になってしまう母親で言えば、「私は、大事な一人息子にしがみついていたい、彼を離したくない。私はほんとうは子離れできない母親なのだ」という自己概念をもつようになれば、一人息子が一人暮らしをしようとして私から離れようとしているから、こんなに心細くて調子が悪いのだと自覚できるようになり、わけのわからない「病気」にはならないのである。

第五節　カウンセリングの理論の骨子

技術よりも姿勢を

ロジャースの最初の独創的な立場は、非指示的アプローチ、非指示的カウンセリングなどと呼ばれた。この非指示的カウンセリングは「指示を与えない面接技術」を指すように受け取られがちだったし、ロジャース自身に、技術志向がなかったとは言い切れない。

「うん」「はい」「なるほど」と言って肯くことは、単純な受容と呼ばれた技術であるが、それはクライエントを受容する姿勢、態度に支えられた肯《うなず》きでなければならないはずである。

たとえば、クライエントの「今度サッカーの試合、見に行けるので楽しみです」という言葉に「うん」と応えるのと同じように、「もう何もかも終わりにしたいって気持ちです」という言葉にも「うん」と応えるのであれば、つまり、形ばかり肯いているのであれば、受容しているとは言えない。クライエントは、カウンセラーの応答に早晩違和感や不自然さを感じ、そのカウンセラーがしてることのおかしさに気づくと考えられる。

「今度サッカーの試合、見に行けるのが楽しみなんです」には、「はあはあ、なるほど」というのに近い少し軽い「うん」でもかまわないかもしれない。これに比べて「もう何もかも終わりにしたいって気持ちです」には、「うん」と言うことができるのではあるが、これはすごく重たいなという感じや「いや、終わらせたくない」という気持も加わるから、「はあはあ、なるほど」といった少し軽い意味あいの「うん」にはならないはずである。

ロジャースは、後にむしろ姿勢、態度が大切であることを強調することになった。このやり方をクライエント中心療法、クライエント中心のカウンセリングと呼ぶのである。

必要十分条件

クライエントに好ましい変化が起きるためには何が必要だろうか。何が備わっていればそれで十分だろうか。

ロジャース（1966a）は、クライエントに建設的なパーソナリティ変化が起きるためのの必要十分条件を六つあげている。この六つの必要十分条件が満たされていて、それがかなりの期間存在することが必要だという。図2―3は、六つの必要十分条件位置づけを整理して示したものである。

1. 二人の人間が心理的な接触をもっていること。
2. 第一の人―この人をクライエントと名づける―は、不一致の状態にあり、傷つきやすい、あるいは不安の状態にあること。
3. 第二の人―この人をセラピストと呼ぶ―は、この関係の中で、一致しており、統合されていること。
4. セラピストは、クライエントに対して、無条件の肯定的配慮unconditional positive regardを経験していること。
5. セラピストは、クライエントの内部的照合枠に感情移入的な理解（共感的理解empathic understanding）を経験しており、そしてこの経験をクライエントに伝達す

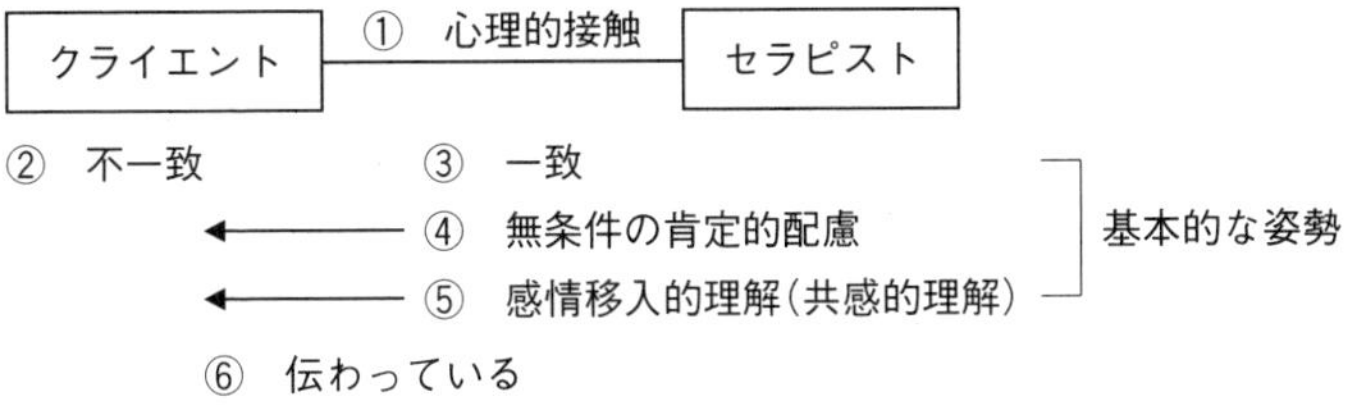

図２－３　パーソナリティ変化の必要十分条件

るように努めていること。

6．セラピストの感情移入的理解（共感的理解）と無条件の肯定的配慮をクライエントに伝達するということが、最低限に達成されること。

パーソナリティ変化は、ある人間関係の中で起きるとロジャースは考え、第一の条件として、最低限度の人間関係、二人の人間の心理的接触がなければならないと考えている。二から六までの条件は、二人の人間の性質や、その関係が備えている性質を述べたものである。

第二の条件は、心理的接触をもつ二人の人間のうちの一人、カウンセリングを求めてカウンセリングセンターや相談所にやってくるクライエントについての条件である。クライエントは不一致の状態にあるというが、これは、その人が経験していることと自己概念に相容れない矛盾したところが多くあるということで、この経験と自己概念の不一致を、はっきりと意識しないで潜在知覚したときに、不安と呼ばれる緊張状態が起きるのである。

第三から第五までの条件は、カウンセリングにおいてクライエントと心理的接触をもつもう一人の人間、カウンセラー（セラピスト）の性質、基本的な姿勢、態度を述べたものである。

第三の条件の中にあがっている、一致している、統合されているというのは、その人が経験していることと自己概念の間に相容れないところがない、その人がありのままの純粋な統合された人間であることをいう。第四の条件の無条件の肯定的配慮は、クライエントをどんな条件もつけないで、クライエントを一人の独立した人間として大切にしているということである。第五の条件は、カウンセラーがクライエントの私的世界をクライエントが見ているままに理解し、それをクライエントに伝えようと努力しているということである。これらは、クライエント中心のカウンセリングらしさを決定づけるものであるため、三章から五章で詳しく解説していく。

なお、ここでは、カウンセラーではなくセラピストという言葉が使われている。この二つは、カウンセリングをするのがカウンセラー、心理療法をするのがセラピストと区別されることもある。佐治（1985）は「カウンセリングは……比較的表層的な適応行動への援助であり、心理療法は人格の深層にかかわる問題の治療的援助活動であるという区別がなされることが多い」と述べている。このほか、カウンセリングは臨床心理学を学んできた人が行ない、心理療法は精神科医が行なうといった区別がされることもあった。しかし、現在この二つは、ほとんど同じ意味の活動であると考えられるようになり、区別せず用いられることが多い。

さらに、第六の条件では、カウンセラーの姿勢をクライエントが気づいているかどうかが問題にされている。カウンセラーが無条件の肯定的配慮や感情移入的理解（共感的理解）の姿勢を示しているというのでは足りないのであって、クライエントが、カウンセラーの言葉や行動が、それらの基本的な姿勢を意味していると気がついているということを述べたものである。実際に、カウンセラーがこれらの姿勢を示しているのに、クライエントが気づかないでいることがあり、そのような場合には、クライエントのパーソナリティ変化は起きてこないのである。

普遍的な条件をとらえようとしたこと

ロジャースは、必要十分条件をあげることで、普遍的なものをめざし、望ましいパーソナリティ変化が起きるための基礎を明確にしようとしたと考えられる。神経症のクライエントにはあるやり方を用い、精神病のクライエントには他のやり方を用いるというような考えが広くゆきわたっているだろうが、ロジャースは、カウンセリングの本質的条件がただ一つの形で存在するという考えを示している。また、効果的なカウンセリングは、どんな種類のものであろうと、同じようなパーソナリティや行動の変化を生むのであり、そのためにはただ一組の条件が必要なのだとロジャースは考えている。さらに、カウンセリング以外の人間関係、たとえばすぐれた友人関係も、短期間はこれらの条件を満たすことがある。他の人間関係にも存在している性質を高め持続するようにしたものが、必要十分条件を満したカウンセリングの人間関係と言えるのである。

ロジャースがあげている基本的な姿勢は、カウンセリングの根本を押えたものとして広く受けいれられるようになったと考えられる。間主観カウンセリング（伊藤隆二、二〇〇三）は、この考えを一つの柱に、その発展として築きあげられたカウンセリングと考えられる。また、立場が明らかに異なっている認知療法（ベック Beck,A.T.、一九九〇）にさえ、基本的な姿勢が取り入れられている。

専門的知識・診断的知識は必要か

カウンセラーに必要な三、四、五の条件は、経験的な訓練によって学ばれるものであり、知識ではなくロジャースは、カウンセラーには、特殊な専門的知識―心理学的、精神医学的、医学的、または宗教的な―が要求されるということを言っていない。また、正確な心理的診断をすることが必要である、ということも述べていない。ロジャースは、診断的知識をもたなければ、クライエントとの関係のなかに安心しているこ とができないカウンセラーにとって、三、四、五の条件を満たすために診断的知識が役立つだろうが、診断的知識がどうしても必要なものとは言っていないのである。

この点については、批判的な人が多いと思われる。たとえば、クライエントが精神病の人である場合に、精神科医にクライエントをゆだねることが必要になることもある。ある種のクライエントにとっては、カウンセリングの働きかけ、クライエントが自分のそれまで明瞭に気づいていなかった面に気づいていくことを推し進める働きかけが、必要であった防衛を取り去り、クライエントより深刻な状態にしてしまうこともある。このようなことを考えると、診断的知識があった方がよいと考えられるのである。カウンセラーは、精神科医ではないが、ある程度の精神医学的な、診断的な知識をもっているように努めている人が多いだろう。ただし、ロジャースの肩を持つとすれば、診断的知識は実際にカウンセリングを進めていく際に必要になるだろうが、それはクライエントに望ましいパーソナリティ変化が起きるための必要十分条件ではないのである。

第六節　援助しやすいクライエント

言葉での交流・内面の探求

たとえば、森田療法という日本で開発されたすぐれた治療法がある。森田療法で援助できるクライエントは、神経症のなかでも森田神経質と呼ばれる人たちに限られている。クライエント中心のカウンセリングによって援助できるクライエントは、神経症の人であるとか、精神病圏内の人であるというように限定されていない。ロジャースが、クライエントの満たすべき条件としてあげているのは、不一致の状態にあり、傷つきやすい、あるいは不安の状態にあるということだけである。クライエント中心のカウンセリングのクライエントが満たすのはそれだけであり、神経症の人でもよいし、精神病の人でもよいし、そんな診断名がつけられない人でもよいということになり、非常に多様なクライエントが援助できる対象になる。

ただし、クライエント中心のカウンセリングが得意でないクライエントはあるだろう。たいていのカウンセリングは、言葉での交流を基本としている。クライエント中心のカウンセリングもその例外ではない。また、クライエント中心のカウンセリングは、クライエント自身が内面を探求していくことをとくに重視している。この点で、言葉を扱うことが得意でないクライエントや自分の内面を感じたり表現したりすることが得意でないクライエントには、クライエント中心のカウンセリングにはあまり向いていないのではないかと考えられる。

過程尺度から得られた示唆

これに関連したことを見いだした研究をロジャースは行なっている。ロジャース（1966a）は、カウンセリングのなかでクライエントに起きる変化の過程をとらえようとして、過程尺度を作っている。過程尺度の要約は、表2―1に示されている。一般にパーソナリティ変化は、ある固定した状態から、別の新しい固定した状態に移っていくことだと考えられがちである。しかし、ロジャースは、それを、固定から固定へという変化ではなく、固く静的で未分化なあり方をしている低い段階から、変易性や流動性というのがふさわしいあり方をしている高い段階に至るものと考えている。表中のストランズ（strands）とは、より糸と訳すことができる言葉である。過程尺度を構成する七つの側面が、低い段階では別々にとらえることができ

表２－２　一般的過程連続線の図式（ロジャース、1966a）

（簡潔に示すために、一般的過程の連続線上の低、中、高の段階についてのみ、各ストランドの顕著な特性を示した。本来の研究では、７段階に区別されている。）

ストランズ（strands）	過程の段階		
	低（Ⅰ～Ⅱ）	中（Ⅲ～Ⅴ）	高（Ⅵ～Ⅶ）
感情と個人的意味づけ（Feelings and personal meanings）	認められない 表出されない	自分のものであるという感じ(ownership）が増大する 表出が増大する	流れのなかに生きる 十分に体験される
体験過程（Experiencings）	体験過程から遠く離れている 意識されない	遠隔感が減少する 意識が増大する	体験する過程のなかに生きる 重要な照合体として用いられる
不一致（Incongruence）	認識されない	認識が増大する 直接的体験過程が増大する	一時的にだけある
自己の伝達（Communication of self）	欠けている	自己の伝達が増大する	豊かな自己意識が望むままに伝達される
体験の解釈（Conctruing of experience）	構成概念が硬い 構成概念が事実として見られる	硬さが減少する 自分自身が作るものという認識が増大する	一時的な構成概念 意味づけが柔軟で、体験過程に照合して検討される
問題に対する関係（Relationship to problems）	認識されない 変えようとする要求がない	責任をとることが増大する 変化することをこわがる	問題を外部的対象物として見なくなる 問題のある側面のなかに生きている
関係のしかた（Manner of relating）	親密な関係は危険なものとして避けられる	危険だという感じが減少する	瞬時的体験過程にもとづいて開放的に、自由に関係をもつ

るのに、高い段階では分離したものとしてとらえられなくなるところが、はじめそれぞれに分かれていた糸が、しまいには一本によりまとめられることにたとえられるところから、ストランズと命名されている。

この過程尺度を使った研究から明らかになった結果の一つは、低い段階のクライエントのカウンセリングが成功しないことが多いということである。そこで、いくつかの側面について、ロジャース（１９６６ａ）があげている低い段階の反応例と中等度の段階の反応例を、比較する形で見ていくことにする。

問題に対する関係

「家族のものが、あなたのところにきて話すように言ったんです」

「私はほんとうに健康だと思っています」

この二つは、段階一の反応である。クライエントは、問題を問題として認めていない。問題に対する関係が認識されていないのである。また、問題が認められないのであるから、変わりたいという欲求もなく、クライエントは、自分にカウンセリングが必要だとも感じていない。

「私の生活にいつも混乱が起こっています」

これは段階二の反応である。クライエントは、問題があることを自覚しているのであるが、問題に対して自分の個人的な責任を感じていない。「私が混乱している」というのではなく、「混乱」は自分の外にあって、そこで起きているものとして見られている。

中程度の段階の例は次のようなものである。

「私が家を出て、母から離れるのが一番いいとわかってるんですが、……そんなわけでできません。それが皆のために一番いいのですが。だから、本当は問題は私の中にあるのです」

これは、段階四の反応である。ここでは、クライエントは、「問題は私の中にある」と言って、問題に対する自己の責任を表現するようになっている。

感情と個人的意味づけ

「徴候としては……ただ……非常に憂うつだ、ということだけです」

「そこには怒りの感情がありました」（これは、カウンセラーが「あなたがどうしてここへやってきたのかお話してくだされば……」と言ったのに答えての言葉である）。

これらは段階二の反応である。感情と個人的意味づけというのは、情動的色合いを帯びた経験と、それが個人に対してもっている意味とをさすものであるが、このクライエントたちは「私は憂うつなのです」、「私は怒りを覚えていました」と言わないで、怒りや憂うつの感情を自分から隔たったところ、自分の外部にあるものとして、まるで自分がその感情の持ち主ではないかのように述べている。

中程度の段階の例には次のようなものである。

「依存したくなるということは、いわば自分に愛想を尽かしているということですから、がっかりしてしまうんです」

これも、段階四の反応である。感情は自分のものであり、しかも、現在感じているものとして表現されるようになる。

「私の中で大きくなっているものは、ある種の緊張であり、やり切れなさであり、あるいは何か不完全なもの……私の生活は、ほんとうに非常に不完全なのです。いまは……よくわからないんですが……。おそらくやり切れなさというのがいちばん近い言い方でしょう」

これは、段階五の反応である。感情と個人的意味づけが、より正確な、分化したものになっている。

自己の伝達

「あなたは私についてどういうことが知りたいのですか」（はじめクライエントは自分について述べることができないでいた。ふるえる手つきで煙草に火をつけようとし何度も試みた。カウンセラーが「ひどく怖いんですね」と述べるとクライエントはうなずいてこの言葉を述べた）

これは段階一の反応である。クライエントは、自分が言うべきことが見つからず、自分をカウンセラーに伝えようとしていない。自己の伝達が欠けているのである。

中程度の段階の例には次のようなものである。

「自分はやさしい我慢強い人間のように見せようとしているけれど、ほんとうは私そんな人間じゃないんです。私は怒りっぽいんです。私は人をどなりつけたいと思うし、また時にはわがままになりたいと感じます。そしてなぜ自分がそうではないような振りをしなければならないのか。自分でもわかりません」

これは段階五の反応である。クライエントは、自己に関係した現在の感情を自由に表現している。これらの感情は自分のものなんだと受けとめられていて、クライエントは「ほんとうの自分になりたい」と願っている。

低い段階にいるクライエントの援助

段階一の人は問題を問題として認められず、変わりたいという欲求もなく、自分にカウンセリングが必要だとも感じていないのであるから、自分から進んでカウンセリングに来そうもない。クライエントの反応の例を示すことができたのは、他の人がその人に問題があると考え、その勧めでカウンセリングに来る人がいたからである。

段階二の人は、自発的にカウンセリングを求めてくるクライエントのなかに多くいる。その段階二の人について、ロジャース（１９６６ａ）は「私たちは（おそらくセラピストは一般に）これらの人たちとカウンセリングをやってきわめてわずかの成功をおさめているだけである」と述べている。また「成功ケースでは不成功ケースよりもこのスケールの上で、初めの時から高い位置にあることがわかった」とも述べている。カウンセリングが成功するクライエントは、カウンセリングをスタートした時点で、高い段階にいたクライエントであり、低い段階のクライエントは、クライエント中心のカウンセリングによる援助が効果を発揮するのがむつかしいのである。

このことから、クライエントとカウンセラーの最初の面接のときに、クライエントが過程尺度のどの段階にいるのかをとらえれば、そのカウンセリングが成功するか成功しないかがわかってしまう、とも言えるだろう。もしクライエントが、最初の面接で自分の問題に対して個人的な責任を感じておらず、感情を自分から隔たったところにあるものとして、自分がその感情の持ち主でないかのように述べるようであれば、そのクライエントはカウンセリングをしても、おそらくうまくいかないだろうということがわかってしまうのである。もちろんロジャースは、低い段階にあるクライエントが、カウンセリングの成功に至ることが不可能と考えているわけではない。しかし、クライエント中心のカウンセリングで援助するのが最適だとするのはむつかしいであろう。

以上述べてきた点から、言葉での交流や自分の内面について探求することが苦手ではないことに加えて、自分から自発的にカウンセリングを必要と感じ来談すること、問題を自分の問題として感じていること、自分の感情から距離を取らず、その感情の持ち主として感じ表現できること、などの条件を満たしているクライエントが、クライエント中心のカウンセリングで援助しやすいと言えるであろう。

第三章
無条件の肯定的配慮、あるいは受容

カウンセラーがクライエントに無関心であったり冷たかったり拒否的であったりすることが望ましくないのは明らかであり、カウンセラーがそれらと異なる姿勢をとることが必要である。その姿勢が、無条件の肯定的配慮と呼ばれる。

第一節　無条件の肯定的配慮の意味

無条件の肯定的配慮（unconditional positive regard）の定義

この無条件の肯定的配慮について、ロジャースは「第二の問題は、自分は相手を大切にし、思いやりをもって相手に関わっているかということです。もちろん、思いやりもないのに、思いやっているように振舞うという意味ではありません。実際、もし、どうしてもクライエントを好きになれないとしたら、むしろ、それを表現した方がいいと思います。しかし、治療の過程や建設的な変容は、わたしが相手を自発的に、心から一人の独立した人格として大切にしているときに起きると信じます。それを受容と呼んでもいいし、配慮とか所有欲のない愛情といってもよいでしょう。どの言葉も同じことをいっています。もしそれがあれば関係はより建設的になっていくことをわたしは知っています」（日本精神技術研究所、１９８４）と述べている。

無条件の肯定的配慮は、ロジャースが述べているように、クライエントを大切にし、思いやりをもってクライエントに関わることである。それは、以前から言われていた受容（acceptance）とほとんど同じ意味であるが、受容の代わりに用いられるようになった。ロジャースは、受容について述べるときに「暖かい受容」、「暖かく受容する関係」（ロジャース、１９６６ｃ）などとして、暖かさを強調している。

これらの思いやり、暖かさ、受容ということの大切さは、カウンセリングの場以外の学校や職場でも説かれている。学校では、教師は生徒を受容しなければならないといわれ、職場でも、上司は部下に思いやりをもって暖かく接しなければならないといわれている。思いやり、暖かさ、受容はわれわれにとって馴染みのある言葉であり、その意味はわかりやすい。疑問を抱くこともあまりないであろう。しかし、そのためにこれらが意味するところが十分に吟味されることなく、当然のことであるとみなされ、素通りされてしまうことが多いのではないかと考えられる。受容というわかりやすい言葉より、無条件の肯定的配慮という味も素っ気もない言葉をロジャースが使ったのは、その意味するところが誤解なく伝わることを意図したためでもあったと思う。

無条件の肯定的配慮の意味を正確に伝えているのは、先のロジャースの言葉の後半にあった「わたしが相手を自発的に、心から一人の独立した人格として大切にしている」ことである。もう少し言葉を補って述べると、どんな条件もつけないで、クライエントを一人の独立した人間として大切にするということになる。

好意的な応答と無条件の肯定的配慮

われわれは「あなたが考えている通りである」「あなたのいうことに賛成だ」といった同意を相手に示すことがある。「こうしたらいいのではないかと思うのだけれど」といったアドバイスをすることもある。「大丈夫だよ、きっとうまくやれるよ」などと言って相手を励ますこともある。このような評価的応答は、どれも相手への好意を示すものである。

たとえば、励ましを取り上げると、それは日常生活のなかでは大いに役立っている。友人に相談を持ちかけて、励ましてもらって、勇気を与えられたように感じて、それまでのためらいにうち勝って、思い切って行動に出ることができたという経験のある人は多くいるだろう。

励ましは、カウンセリングの中では、日常の相談とは違う意味や効果をもっている。たとえば「私は劣等感のかたまり。その私がやりたいと思っていることに挑戦したって、うまくやれるはずがない」と信じているクライエントに、カウンセラーが「いいえ。大丈夫ですよ。あなたはうまくやれます」などと言って励ますことは、クライエントの自己概念と矛盾対立していることをつきつけていることになる。このような応答が不用意に使われ続けると、クライエントに不要な圧力をかけ、脅かし、クライエントが自由に自分に触れていくことをできなくしてしまう。

同意、アドバイス、励ましと同様、無条件の肯定的配慮もまた明らかに好意的な姿勢であるが、両者は同じではない。無条件の肯定的配慮は、それら評価的な応答と異なり、評価をしないという姿勢なのである。それは「どのようなかたちにおいても彼を評価するということからはまったく離れて、彼（クライエント）を大事にするということである」し、また、「彼（クライエント）の思考、感情、あるいは行動に対する評価で汚されていない心配りを伝える」（ロジャース、1966a）ことなのである。

無条件の肯定的配慮は、好意的な姿勢であるだけでなく、その好意が無条件であること、条件つきでないということがその特徴になっている。ロジャースは、それが『あなたがかくかくである場合にだけ、私はあなたが好きなのです』というような感情をもっていないことである」（ロジャース、1966b）と言い、「それはクライエントの『良い』ポジティブな、成熟した、自信のある、社会的な感情の表現を受容するのとまったくおなじくらいに、彼のネガティブな、『悪い』、苦しい、恐怖の、防衛的な、異常な感情の表現を受容することであり、クライエントの一致しているやり方を受容するのとまったく同じくらいに、彼の一致していないやり方をも受容することである」（ロジャース、1966b）と言っている。クライエントは、落ち着いてなめらかに話せているときでも、無口な恥ずかしがり屋としてうまく話せないときでも、同じようにカウンセラーに受けいれられる。クライエントは、自分の夢を喜々として話しているときでも、まわりの人がみな嫌いだと話しているときでも、同じようにカウンセラーに受けいれられるのである。

われわれは日常関わりのある相手に、条件をつけて、もしあなたがこのようであれば、あなたを尊重し大切にするという、条件つきの肯定的配慮を示すことが非常に多いと思われる。男性が交際している女性に、もう少し口数が少なくて控えめなら可愛いのにと思うことがあるだろう。親が子どもにもっと良い成績をとってくれれば認めてあげるのにと言うことがあるだろう。これらは、無条件の肯定的配慮ではなく、条件つきの肯定的配慮である。

二章で述べたように、愛情や関心を求める子どもに対して、重要な他者が条件つきの肯定的配慮を示したことから、子どもの自己概念に他者から取り入れられた価値が入り込み、その子が不適応への道を歩み始めるようになる。もし重要な他者が無条件の肯定的配慮を示したなら、価値が他者から取り入れられることはなく、子どもが不適応への道を歩み始めることもない。ここから無条件の肯定的配慮は、クライエントの親が十分には示すことができなかった姿勢であり、言い換えれば親としての望ましいあり方の一面をカウンセラーが示すことであると考えることもできるだろう。

無条件の肯定的配慮とパーソナリティ変化

この無条件の肯定的配慮の姿勢から、クライエントは、自分という人間が本当に尊重され、大切に思われているという感じを覚える。カウンセラーの無条件の肯定的配慮によって作り出される場は、脅威のない場、安全な場であるとクライエントに感じられる。クライエントは、カウンセラーに、学校へ行けても行けなくてもよい、お父さんを好きでも嫌いでもよい、私は、こちらが気に入るあり方を望んでいるのではないよ、という姿勢を示されると、カウンセリングの場を安全な場であると感じる。

クライエントのパーソナリティ変化が生じるために必要なのが、この脅威のない場、安全な場である。そのような場において、クライエントの自己概念が弛んでくるということもできる。固い構造であった自己概念が弛んでいった結果、クライエントは心の中で経験してるいろいろな経験を意識に上らせ易くなり、それまでは厳しく否認してきたような自己概念と矛盾する経験が意識されるようになってくる。

カウンセラーが無条件の肯定的配慮の姿勢をとってクライエントとカウンセリングを続けていくと、その姿勢が、クライエントの中に取り入れられていくということもできる。カウンセラーの姿勢がクライエントの手本となるのである。そうやってクライエントは、カウンセラーが自分を受けいれてくれている姿勢を自分のものとしていき、自分自身を受けいれるという姿勢を取ることができるようになる。これによって、クライエントは、それまでは、こんなことを感じてはいけないと気づかないうちに否認してきた経験にさえ目を向け、「私にはこんな面があったんだ」と気づくことができるようになるのである。

たとえば、「自分はとてもよい母親である」と、誇りを持って子育てしてきた母親は、子どもがイヤだと経験したとしても、それを意識するのがむつかしい。このような母親が、子どもがちょっとした悪さをした時に、思い切りひっぱたいたりする行動を取ることがある。それは、子どもを拒否する気持ちから生じた行動であるが、「自分はとてもよい母親である」という自己概念をもっているため、「イヤな子」と自覚することはできず、「お母さんは、あなたがいい子になることを願って、たたくのだからね」などという歪曲を生じたりする。

しかし、その母親も、カウンセリングのなかで、「子どものキーキーした声がきらいだ」「あの子が汚い手でべたべた触ってくるのがイヤだ」と、それまでは否認していた経験を、ときどきは意識するようになっていく。これが前段階となって、さらにその後「私は、子どもが好きだけれども、ときにはイヤだと感じたりうんざりしたりする、まあまあのできの母親なんだ」というふうに、自己概念が変化していく。

この自己概念は、以前の自己概念とは矛盾していた経験を同化し包含するように修正されたものであり、自己概念と経験がより一致してきたことをあらわしている。

第二節　クライエントの依存欲求と無条件の肯定的配慮

依存したいE子

クライエントの中には、カウンセリングが進むにつれ、依存したいという欲求、愛情を求める欲求をカウンセラーに向けてくる人がいる。ときにはその依存、愛情を求める欲求が、非常に激しいものになって、カウンセラーに向けられることもある。

大学生のE子は、男性カウンセラーに、家族との仲の悪さとその中で自分が愛情を注いでもらえなかったことを話題にしていた。

カウンセリングを始めてから三ヶ月ほどがたった頃の面接で、彼女は「この部屋（カウンセリングルーム）にいるときだけ私は、幸せな気持ちでいることができる」「この部屋、空気に何か色がついているみたい。暖かい色がついているように感じる」と述べた。また、カウンセリングの時間が自分にとってどれほど大切なものになっているかを「私は、先生と一緒にいるこの時間だけが幸せな気持になれるんです。他のときに、ひとりでいるときに、私がどんな顔をしているか、どんなに暗い顔をしているのかわからないでしょう」と語った。カウンセリングに対する、あるいはカウンセラーに対する陽性の感情が、彼女の中でふくらんでいたのである。

このような感情が語られるのと併行して、カウンセリングの時間についての要求も出されるようになった。彼女は「週に一回一時間しか先生と一緒にいることができないなんて、一体誰が決めたんですか。こうやってカウンセリングにきている人間が、自分から必要だと言ってるのだから、時間を延ばしてくれたっていいじゃないですか。先生、もう時間が来たからお終いだって、きょうは言わないでください。……先生、ずっと私と一緒にいてください。私だけの先生になってください」と要求するようになった。また、カウンセラーと会う場所についての要求も出すようになった。カウンセラーに「〇〇で会いましょう」と言うようになったのである。そうやって彼女は、カウンセラーに好意を抱き、一緒にいたいと望み、カウンセリングの時間や回数を増やして欲しい、さらにはカウンセリングルーム以外の場所で会いたいと要求するようになったのである。

カウンセリングの制限

職場において、上司は部下から相談に乗って欲しいと頼まれたときに、どこか空いている部屋へ行って、あるいは仕事が終わった後酒場に行って、そこで相談に乗ることがあるだろう。教師は、教室や職員室や廊下で、生徒からの相談に乗ることがあるだろう。相談に乗る時間は、ほんの数分のこともあるし、解決案が出るまで何時間もかけることもあるというように、まちまちであろう。こういう日常の相談とカウンセリングの違いの一つが、カウンセリングでは、クライエント中心のカウンセリングであろうが、他の立場のカウンセリングであろうが、制限、あるいは枠が設けられている点である。

表3―1に、カウンセリングにおける制限を記した。これらの制限は、きわめて厳格に、設定されているわけではない。家から一歩も出られない不登校の子どもについ

表3－1　カウンセリングにおける制限（澤田瑞也他、2001）

時間についての制限	一回のカウンセリングの時間は、40分から1時間くらいであることが多い。カウンセリングの頻度は1週間に一度の場合が多い。クライエントとカウンセラーは、時間や頻度について話し合い、納得して約束をかわし、基本的に約束を交わしたことを守る必要がある。
場所についての制限	カウンセリングを行う場所は、カウンセリングルーム、相談室と呼ばれている場所であり、クライエントもカウンセラーも落ち着いてカウンセリングができるところである。時間や頻度の場合と同様に、その場であってカウンセリングをすすめていくという約束が交わされる。原則として定められた場所以外で、カウンセラーとクライエントが会うことはしないのである。
危険で攻撃的な行為の制限	これはとくに幼い子どものクライエントと会うときに、必要となる制限である。幼い子どもの場合は、カウンセリングルームより、玩具がおいてある部屋の中で、クライエントとカウンセラーが遊びながら交流することになる。この際、玩具や家具や窓ガラスを壊さない、カウンセラーに暴力を振るわないといった説明がクライエントに対して行われる。

て、こちらから訪ねていくのは制限に違反するからできない、会うのはカウンセリングルームだけであると考えるのでは、厳格すぎる。面接室以外で会うのは原則からの逸脱であると自覚したうえで、子どもの家まで行き、部屋の襖ごしに話をするなどは、カウンセラーがよくやっていることである。

クライエントの依存や愛情を求める欲求は、それがカウンセリングに設けられている制限を外す方向で働く。

カウンセリングを行なう場所は、カウンセリングルームであると決まっており、あるときは喫茶店で、次にはクライエントの自宅で、とカウンセリングルーム以外の場所でカウンセラーとクライエントが会うことは原則としてない。しかし、「いつまでも先生と一緒にいたい」「先生と私の関係は、カウンセラーとクライエントの関係ではない」と感じているクライエントは、カウンセリングルーム以外の場所で、カウンセラーに会いたいと要求してくる。

また、カウンセリングは、通常一週間に一度の頻度で行われ、時間も決められる。その頻度、その時間でカウンセリングをしていこうという約束が最初の面接のときに、クライエントとカウンセラーの間で交わされる。しかし、依存や愛情を求める欲求をもつクライエントは、一回一時間だけでは不足であり、カウンセリングの時間をもっと長くして欲しい、あるいは週に一度では足りないから、別の日にもう一度会って欲しいと要求してくる。

求めに対して応じることはできないとカウンセラーが伝えて、クライエントが不満に思いながらも受けいれてくれればよい。しかしクライエントが、聞き分けがいいとは限らない。求めに対して応じないとき「こんなに先生のことが好きなのに、何で願いを少しも聞いてくれようとしないの。そんな先生は大っ嫌い」と、憎しみ、恨みの感情が加わることも多い。カウンセラーはクライエントにとって愛情と憎しみという相反する感情を向けられる対象、アンビバレントな存在になっていくのである。

クライエントは、実力行使に出ることもある。たとえば、カウンセリングの時間が終わったときに、椅子から立たないのである。言葉での交流をカウンセリング関係の基本と考えているカウンセラーとしては、クライエントを強引に引っ張ってカウンセリングルームの外に出させることはむつかしい。できるのは言葉での説得だけである。

制限が突き破られそうになり、それを押し戻してという攻防が繰り返され、エスカレートしていくうちに、カウンセラーは自分にはこのクライエントはかかえきれないという重さや不安を感じるようになることもある。

カウンセラーの陽性感情

このような依存や愛情を求める欲求を示してくるクライエントに対して、カウンセラーの側には、陽性の感情が生じることが多いのではないだろうか。少なくとも、クライエントに慕われて悪い気はしないのではないだろうか。

カウンセラーには、これまでの人生で傷ついて生きてきたクライエントが、これまで望んでも得られなかったもの、自分の中に足りないと感じているものを求めているとわかり、クライエントをおとなではなく、まるで幼い女の子のように感じたり、あるいはクライエントの恋人になったような気持ちになってしまい、制限などを取りはずしてしまってもかまわないのではないかという考えが浮かんでくるときもある。クライエントが「先生がそばにいてくれないと、苦しい。一人だと食事もする気にならない」と言うのを聞くと、「そばにいてあげて、一緒に食事してあげたほうがいいのではないか」と感じるだろうし、クライエントが「日曜日に公園に行き、日が暮れるまでずっとベンチに座って一人でいた」と言うのを聞くと、「かわいそうなことをした。一緒に行ってあげるべきだったのではないか」と感じるのではないだろうか。

カウンセラーが、クライエントから「先生はうちの親とはまるで違う。私は先生みたいなお父さんが欲しかった」と、まるで理想の人間であるかのように評価されたりすれば、自分が救済者になったように感じ、クライエントの要求を聞き入れてあげることが、自分の使命だ、カウンセラーとしてではなく、一人の人間としてするべきもっとも望ましいことなのではないかという気がしてくることもあるだろう。依存や愛情を求めるクライエントに触発されてのことだろうが、ここまで来ると、カウンセラーの自我肥大が起きていると考えられる。これは自分を過信している、思い上がっていると受け取るべきだろう。

このようなカウンセラーの中に生まれてきた陽性感情とクライエントの要求とが一致協力して、制限を外すようにと迫ってくるようにも考えられる。カウンセラーの陽性感情が強く、自我肥大と言えるところまで達していれば、あるいは、制限がどれほど大切であるかをカウンセラーが理解できていなければ、制限を外してしまうことも起こりうる。

制限を外したカウンセリング

ロジャースは、クライエントを傷つけまいという善意に導かれていて、クライエントの要求することには何でも答えてやろうとする素人《しろうと》カウンセラーがたどることになる、カウンセリングが失敗に終わっていく過程を、次のように描いている。

善意に導かれた親切なカウンセラーが、一人のクライエントと会っていく。クライエントが要求を出すようになる。それに対してカウンセラーは、クライエントの要求に応じようとする。クライエントの要求することに何でも応えてやろうとする。その結果起きてくるのは、クライエントの時間や愛情についての要求が、手に負えないくらいに激しいものになることである。そこまでいったとき、カウンセラーの側にあったクライエントを援助しようという気持ちが、クライエントに対する、避けたいという感情や嫌悪感に変わってしまう。そして、しまいには、カウンセラーは、クライエントを拒否することになる。拒否されたクライエントは、さらにまた一人の人間が自分を裏切ったと感じるようになる。ときには永遠にこのカウンセリングにより自分が傷つけられてしまったと感じることもあるだろう。

援助しようというカウンセラーとしてはもっていて当然ともいえる気持ちが、クライエントに対する避けたいという感情や嫌悪感に変わってしまう、そういう気持ちの動きは、自分にはこのクライエントはかかえきれないという重さや不安を感じていくことの延長として起きてくる。アラビアン・ナイトのシンドバッドの冒険に出てくるある老人の話は、このカウンセラーの気持ちの動きをうまく描いているように見える。

シンドバッドが、ある島に漂着しますと、その島に果実がいっぱいになっているのを発見します。それを喰べながら歩いているうちに、彼は、地面に倒れている、やせ衰えた老人に出会います。老人は、シンドバットに、体が弱ってしまって、木になっている果物をとって喰べようにも、立ち上れない状態なので、どうか自分を肩車にのせて、実をとらせて欲しいと、弱々しく頼みます。シンドバッドは、可哀想に思って老人を自分の肩の上にのせますと、途端に、老人は、足でシンドバッドの首を締め、あっちへ行け、こっちへ行けと、自分の思うままにシンドバッドを使って、実をとって喰べます。自分は好きなだけ喰べるが、シンドバッドにはくれません。可哀想にシンドバッドは数日のうちにすっかりヘトヘトに衰えてしまいましたが、やっとすきをみつけて、助かります（近藤章久、１９７９）。

カウンセラーの気持ちがクライエントを避けたいという感情や嫌悪感に代わってしまうのは、老人が、シンドバッドを自分の要求のままに使い、シンドバッドがヘトヘトに衰えてしまい、逃げ出したくなってしまったのとよく似ているように思う。激しい依存を示すクライエントには、カウンセラーをうまいこと操ろう、利用してやろうといった悪意はないだろう。でもカウンセラーに激しく依存ししがみついてしまうことによって、カウンセラーの側が人間として耐えられる限度、許容できる限度を超えてしまう。耐えきれなくなったカウンセラーの側には、否定的な感情が起きていくのである。

実際のクライエントとカウンセラーの間では、たとえば、今心細くなったからと、真夜中に電話がかかってきて、クライエントの気が済むまで何時間も話につき合うことが、毎日のように続くようになってしまうと、カウンセラーは疲れ切ってしまい、許容できる限界を越え、クライエントを避けたいという感情や嫌悪感が起きてくることがあるのである。

　カウンセラーは、現実に生きている限りある人間であり、カウンセリングの制限を外してしまうことは、カウンセラーを追いつめ、クライエントを援助することができなくなるようにさせるのである。この点で制限が守るのは、クライエントよりもむしろカウンセラーなのだと思う。そうやってカウンセラーが守られるから、クライエントのための援助者として役に立つことができるのである。

クライエントの依存はカウンセラーが招くのか

　ひとりのカウンセラーが繰り返して、クライエントから激しい依存感情や恋愛感情を向けられる場合、それはカウンセラーの抱える解決すべき問題として扱われることがある。たとえばバードBird,B.（1960）は、「繰り返しかかるトラブルを起こす医者は、ある意味で、自らそのような事態を招いているとも云える」と述べている。このような感情はクライエントの心の中から生じるのではあるが、援助者の側が気づかないうちに、強い言葉で言えば誘惑や挑発といった自らそのような事態を招く振舞いをしているというのである。

　ある中年の男性カウンセラーは、数ヶ月後に激しい依存感情を示すようになる女性クライエントに会い、最初の挨拶をしようとしてそのクライエントの目を見た瞬間に、クライエントの目がある女性の目と似ているなと感じたという。その女性とは、自分が若い頃交際していて、やむを得ない事情で別れることになった相手であった。カウンセラーはこのことをその後すっかり忘れていた。クライエントが激しい依存感情を示すようになってしばらくしたときに、どうしたらいいのだろうと考えているうちに、そう言えばと思いだしたのだという。

このカウンセラーはクライエントに会ったときから、彼女をかつての交際相手と重ねてみていたのかもしれない。誘惑や挑発をしたというほどではないにせよ、カウンセラーが彼女のことが気に入っていて、その気持ちは伝わったのではないだろうか。敏感なクライエントは、その好意的な気持ちを感じ取って、それまでは誰にも言わないで隠しもっていた願いを、もしかしてこの人ならかなえてくれるかもしれないと思い、言葉にあらわすようになったのではないかとも考えられる。

カウンセラーの陽性感情と無条件の肯定的配慮

カウンセラーに生じてくる陽性感情と無条件の肯定的配慮は、ともに好意であり、愛情であるとも言える。しかし、この二つは別物である。

無条件の肯定的配慮について述べるときに、ロジャースは、クライエントを、一人の独立した人間、一人の分離した人間として尊重するのだということを繰り返し述べて強調している。「それは、彼をひとりの分離した人間として尊重することであり……」「私が他の人間を受容することができるとき――かれの感情、態度、信念を彼の現実的な、生き生きとした一部として、そのとおりに受容するということですが、私は、彼が他と違ったはっきりしたひとりの人間となるのを援助しているのであります」「それは、ひとりの独立の人間としてのクライエントに対する非所有的な心配りなのである」（ロジャース・C．R．1968）。

このように述べることで、ロジャースは、所有する――所有されるとか、依存される――依存するといった関係は作らないで、クライエントを他から分離した一人の人間として、当然カウンセラーからも切り離された一人の人間として、大切にするということを言いたかったのだと思う。無条件の肯定的配慮は、クライエントの依存を期待するとか、依存欲求に応えるとか、一体化を求める願望を満たすといったこととは異なる姿勢であり、むしろクライエントの独立を志向している姿勢であると考えられる。

クライエント中心のカウンセリングは、暖かくやさしくと甘いことばかり強調しているカウンセリングだと見られることがある。クライエント中心のカウンセリングは、クライエントを甘やかしてしまうように思えるという批判の声を聞いたこともある。人間関係の親和性を大切にする日本では、無条件の肯定的配慮のもつ暖かくやさしい点だけを受けいれた人がいるかもしれない。無条件の肯定的配慮を、相手のいうことを無条件に受けいれてあげることや無条件の愛情であるかのように受け取ると、赤ちゃんの世話をする母親のように何から何まで面倒を見てあげる、甘えさせて心をとろかす、といったカウンセラーのあり方が浮かんでくるかもしれない。しかし、精神分析家の土居健郎（１９６１）は、クライエント中心のカウンセリングについて「ロジャースの療法は許容的であることがその特徴であるように普通いわれるが、しかし依頼心に関する限り許容的とはいえない」と述べている。クライエント中心のカウンセリングは、依存や甘えを「満たさない」カウンセリングである。クライエント中心という言葉自体に、責任をクライエント自身に委ね、依存させないという意味が含まれているとも言える。無条件の肯定的配慮は、その依存、甘えを「満たさない」カウンセリングの重要な部分を担っていると考えられるのである。

感じることの許容と行動することの許容

クライエントがカウンセリングの場で何を感じても、それは許容されるはずである。無条件の肯定的配慮の姿勢はそういうことを言っているのであり、感じることが許容されないのであれば、それはクライエント中心のカウンセリングとは言えない。許容されないことがあるのは、クライエントの行動である。

これと同様のことをを描いた、ロジャース（１９６７ａ）があげている親子の話がある。

生まれて数年たった幼い子どもに、弟か妹ができることがある。そんな子どもが「新しく生まれてきた赤ちゃんなんて嫌いだ」「赤ちゃんををたたくのは面白い」という経験をすることもある。しかし、その子が赤ちゃんをたたいて泣かせたところを見つけた母親は「それはいけないこと。そんなことするお前は悪い子で、可愛くない」と言うであろうが、母親が別の姿勢を示すこともできる。

「お前が小さい弟を打つこと（あるいはどこでも構わず好きな時に排便したり、物をこわすこと）で、お前がどんなに満足を味わっているかよくわかる。私はお前を愛しているし、お前が満足することは嬉しい。しかし私は、自分の気持も同時に尊重したい。私は、お前の弟がけがをした時は大へん心配する。（また、ある行動にはいらいらしたり、悲しんだりする）だから私は、お前に弟を打たせない。お前の気持も私の気持も両方大切なのであって、お互いに自由に自分の気持をもつことができる」と。「もしこのようにして、子どもが一つ一つの経験について、自分自身の有機体的な評価をすることができるとしたら、子どもの生活は、これらの満足を調和させるようなものになるであろう。その子どもの感じることを図式的にあらわせば、『私は小さい弟を打てば気持がよい。弟を打つのは愉快だ。お母さんが心配するのは楽しいものではない。お母さんが心配していると満足な気持にはなれない。私はお母さんを喜ばせたい。』このようにしてその子どもの行動は、ある時は弟を打つ満足感をもつものであったり、ある時は母親を喜ばせる満足感となったりするであろう。しかし、このように分化したやり方で満足感あるいは不満足感を経験したならば、その子どもはこれらの感情を否認する必要は決してないであろう」（ロジャース、１９６７ａ）

この母親は、子どもに無条件の肯定的配慮を経験し、「お前が小さい弟を打つことで、お前がどんなに満足を味わっているかよくわかる」と言って子どもが感じることは許容している。ただし、「私は、お前に弟を打たせない」と言って、行動は禁止している。

カウンセリングでも、これとよく似たことをカウンセラーがやっていると思う。とくにカウンセリングの制限を設定し、それがクライエントに破られそうになったとき、あなたの感じていることを自分は受けいれているのだけれど、カウンセラーといつまでも一緒にいようとする行動は受けいれられないよ、抱きつくという行動は受けいれられないよと、それがクライエントに、うまく伝わるかどうかは別として、カウンセラーは言うだろう。

第三節　この姿勢をどれだけ保てるのか

完全な無条件の肯定的配慮はない

大学の授業で、無条件の肯定的配慮の説明をした後、一人の学生が心配そうに「私にはこれはできません。もしこれがカウンセラーに必要なものというのなら、私はカウンセラーにはなれないと思います」と言ってきたことがある。この学生は、大変真面目な態度で授業を受けており、将来カウンセラーになりたいと願っていた。自分がこの姿勢を取っていくことができるかどうかを想像してみて、無条件の肯定的配慮を完全に示していくことは自分にはできないと感じたのである。これは、その通りである。もし無条件の肯定的配慮の姿勢を完全に取り続けることができなければカウンセラーになれないのだとしたら、カウンセラーになれる人はいないだろう。ロジャース自身が「無条件の肯定的配慮という言葉は不幸な用語である。というのは、それは絶対的な、あるいはすべてか無か（all or nothing）といった性質の概念に聞こえるからである」と前置きして、「完全に無条件な肯定的配慮が、理論上以外にはあり得ない」（ロージャズ、１９６６ａ）ことなのだと述べている。

もし自分が常にクライエントに対して無条件の肯定的配慮を経験できていると思っているカウンセラーがいたら、自分はその振りをしているだけではないのか、自分が自分を見る目が曇っているのではないかと自問するのが望ましい。カウンセラーがクライエントに完全な無条件の肯定的配慮を経験し続けるということは理論上はあっても、現実にはあり得ないのであり、実際にはカウンセラーはクライエントがこうこうであれば受けいれられるのにと条件つきの肯定的配慮を経験することもあるし、ときにはこのクライエントを好きでないといった否定的な配慮を経験することもあるのである。カウンセラーは、いつもクライエントに無条件の肯定的配慮を経験していなければならないと完全主義に陥るのでなく、クライエントに無条件の肯定的配慮を経験できているときが多くあれば、それにこしたことはない程度に構えているのがよいだろう。

理解することとのかかわり

虐待がもたらす悲惨な結果について、よく新聞やテレビで報道されている。その虐待の加害者である親に対する援助の領域で、フォンタナ・V．J．、シュナイダー・C．（1981）は子どもを虐待する親に対して援助者が反感を覚えるようになることに関連づけて、「実際は責める必要がある場合は、その責めは祖父母、いや曽祖父母やその祖先、さらにはアダムとイブにまで（？）たどれることがしばしばある」と述べている。

子どもに入院が必要になるほどのひどいケガをさせておきながら、「自分のしたのはしつけであって、自分だって子どもの頃親から同じようにしつけられてきた。子どもがあまりに聞き分けがないから、自分はそのしつけをしただけだ。あの子が家ではどんなに大変な子どもなのかをあなたは知らないだろう」と言う親や、自発的にではなく半ば強制的に援助者と面接をするようになったことに腹を立てて「なんで俺が呼び出されて、こんな面接を受けなきゃいけないんだ」と言い張るような親に会っていけば、援助者の心には、「こんな奴が親をやっているのが間違いなんだ」と、腹立たしさや嫌悪感が生じてくる可能性が高い。

虐待の特徴の一つとして、世代間伝搬の現象がある。虐待された子どもが成長して親になったときに、自分の子どもを虐待するようになることがあるという現象をいうが、「アダムとイブにまでたどれる」というのは、それを誇張した表現であろう。フォンタナとシュナイダーは、親に対する反感をそのまた親に転嫁することによって、親と会っていきやすくなることを述べている。勝手な解釈を付け加えると、援助者が子どもを虐待する親に反感や不快感を覚えたとき、その親もまた虐待されて育ってきたのだ、ということが理解できる。援助者の怒りは少しはおさまり、親に対する不快感を和らげることができ、親と会っていきやすくなるだろうということを言っているのだと思われる。

これと同様に人間関係の場では、それまで受けいれにくかった相手を理解することによって、相手を受けいれやすくなることがよくある。歯に衣着せぬ言葉で自分を傷つけた相手を、なんて常識のない横暴な奴だと受けいれられないでいたが、あるとき相手の悪意のない純粋な人柄を理解することにより、相手を受けいれることができ、以後友人になったというようなことが起きるものである。近藤邦夫（1977）は、次のように述べている。

「人と話をするときに刺々しい皮肉めいたことばかり言う人がいたとする。われわれは彼に対してはなかなか受容的にはなれない。そこで、『そういう君は嫌いだ』とか『君と話していると何にも安心して話せなくなってしまう』と率直に感情をぶつけていく。その時に、例えば彼の口から『自分は小さい頃から友達だけでなく親兄弟からもいつもいじめられ続けてきた。それに対抗するために相手の弱点ばかり探そうとしてきた。そのために今でも人と話すと、その人にヤッツケられるという怯えが先立って、すぐ自分の方から先制攻撃をかけるような構えになってしまう。それではいけないと分かってはいるのだが、どうしてもそうなってしまう』という弁明を聞いたとする。われわれはこの時に初めて、刺々しい皮肉の影にあった彼の苦しい経験を知り、その経験のかけがえのない重さを感じ、彼に対して今までとは全く違った人間的な近しさを感じるようになる。その時にわれわれの中に生まれた自然な感情こそ受容とよんでよいものだろう」

カウンセリングをしていく場合にも、無条件の肯定的配慮は、最初からカウンセラーの姿勢として十分に存在するのではなく、それが経験できないことも起きるのが普通である。しかし、クライエントをよりよく理解していくことによって、それまで無条件の肯定的配慮を経験できなかったクライエントを受けいれられるようになることも多いのである。

第四章

共感的理解

共感という言葉は、「この小説の主人公に共感できる」とか「彼の考えには共感できる」というように使われる。そこには、相手の感情や考えがわかるという意味が含まれているが、同感というのに近い、相手を肯定的に評価する意味も含まれている。カウンセラーの基本的な姿勢としての共感的理解は、日常使われる意味での共感と重なるが、相手を肯定的に評価する意味は含まれていない。

第一節　共感的理解の意味

共感的理解（empathic understanding）の定義

他の文化に触れたとき、とんでもないズレや誤解が生じることがある。ある男が他の文化の土地に入っていったときに、その土地の人たちから食事を出された。それは木の根を調理したものであった。男は自分は木の根を食べさせられた、それは人が食べるものではない、そんなひどい扱いを自分は受けた、と感じた。しかし、ほんとうのところは、その土地では、木の根はごちそうであり、男は、木の根は食さない文化の人だったために、ひどい扱いを受けたと感じたということであった。他の文化に触れたとき、それを自分の文化を基準にとらえようとすると、この話の男のような誤解を生じやすいだろう。

ロジャース（1967a）は、「他の文化を理解する唯一の道がその文化の照合枠をとることである」と述べている。ちょうどそれと同じように、人を理解しようとするときには、その人のもつ枠組み、内部的照合枠から理解するのが望ましいのである。内部的照合枠というのは、「人間が意識する可能性のあるあらゆる領域の経験」（ロジャース、1967a）であり、人の私的世界、主観的世界のこと、さらには個人の内面をいっているが、この私的世界、内面に他者が接近し理解するやり方は、共感的理解しかないのである。

共感的理解について、ロジャースは「第三の特質は、わたしは相手の内面を内側から理解することができるということです。わたしは相手の内面をその人の目で見ることができるのでしょうか。感情の中の世界を感受性豊かに動きまわり、その人がどんな感じをもち、表面的意味だけでなく、少しはその下にある意味まで理解することができるかどうかということです。もし、わたしが、相手の体験の世界へ敏感に身を投ずるならば、変容と治療の動きが起きやすくなります」（日本精神技術研究所、1984）と言っている。また、ロジャース（1967a）は、クライエントの「内部的照合枠を正確に知覚することであり、それに付着している情動的要素や意味をも知覚することである」と言っている。

共感的理解は、カウンセラーがクライエントの私的世界をクライエントが見ているままに感じ取り理解すること、クライエントの苦しみや喜びや怒りや恐怖を、自分が感じているように敏感に感じ取ることを言う。

内側からの理解と外側からの理解

人の理解には、内側からの理解と外側からの理解がある。内側からの理解は、共感的理解のことである。これに対して、外側からの理解は、相手にとっての外部的照合枠に基づく理解である。この相手にとっての外部的照合枠とは、相手を理解しようとしているこちらの内部的照合枠から相手を理解することである。

次に示すのは、クライエント（二六歳の男性会社員）の訴えと、このような訴えを聞いていてこちらに起きてくることのいくつかを、クライエントに対する言葉の形にしたものである。六つの言葉のうち、どれが、内側からの理解を示すもので、またどれが外側からの理解を示すものと言えるだろうか。

「二ヶ月前に配置換えがあって、今のところにきました。そのときが同僚たちとの初対面だったわけです。たいてい最初は、初対面のときは、緊張はありますが、まだましなんです。一カ月、二カ月と経っていくにつれ苦しくなってきます。自分の視線がきついというか、前の方の席にいる人が自分の視線を気にして、たぶん迷惑に感じていると思うんです。悪いなと思っていたたまれなくなってしまいます。もちろん向こうはおとななので何も言ってはきませんが、きっと迷惑なやつと思っているんだと思います。でも、嫌われたくはないし、こんなにビクビクしておきながら、人恋しいというか、できれば同僚に友だちになって欲しいと思うんですけど、とても親しくなんてなれません。悔しいですが、できるだけ仕事を作って、仕事がなくてもある振りをして下を向いているように、というかパソコンに向かうようにしています」。

1. 鈍感と敏感の物差しで言うならば、あなたは敏感の極にいる人だね。
2. 自分の視線がきつくって、迷惑だろう、悪いな、申し訳ないって感じていたたまれなくなってしまうんだ。
3. そこまで追い込まれているのは、ほんとうにかわいそうだなって思う。
4. 人恋しいし、親しくなりたいけど、とても親しくなんてなれないのが悔しいって感じてる。

5. あなたの状態は、ノイローゼの対人恐怖の一種で、視線恐怖と言われているものだと思う。

6. 休まないでがんばっているようだけど、それってすごいことだね。

カウンセラーは、このクライエントは、神経症的であると理解することができる。また、対人恐怖の一種、視線恐怖の人なのだろうと理解することができる。5は、そのようなカウンセラーの頭の中にある診断的な見方を用いた理解を示している言葉である。

これは、一種の理解であるが、カウンセラー自身の内部的照合枠からの理解であり、クライエントにとっては外部的照合枠からの理解、外側からの理解である。共感のしようもない物の理解は、外側からの理解である。たとえば、道に落ちている白い小石について、これは石英である、硬度は七度であり比較的硬い鉱物であるなどと理解するのがそうである。このような物の理解と同じ理解を人間について用いたのが、外側からの理解だと考えることもできる。

1も、5と同様、カウンセラーの頭の中にある心理学のパーソナリティの特性論のような枠組みを用いての理解であり、クライエントにとっては外側からの理解である。

これらに対して、クライエントが内面で感じていること、前の席の人が迷惑だろうと感じ、いたたまれなくなってしまう気持ちを共感的に理解することできる。また、クライエントの人を求めているのにそれができない悔しい気持ちを共感的に理解することできる。この共感的理解を示している言葉は、２と４である。

残りの３と６はどうだろうか。ときに内側からの理解、共感的理解は、心のこもった、暖かい理解であるのに対して、外からの理解は冷たい、診断的理解のように冷たい理解だ、という受けとり方をする人がいる。もしそのような受け取り方をしていれば、３と６については迷いが起きたかもしれない。

３と６は、心のこもった、暖かい言葉である。しかし、どちらもカウンセラーの内部的照合枠からの、つまりクライエントにとっては外側にある、外部的照合枠に基づく応答なのである。

ロジャースは、外側からの理解をしてはいけないと考えているのではない。外側からの理解は、クライエントのパーソナリティが変化するための必要十分条件ではないというだけのことである。

実際、カウンセラーは、クライエントとの面接中に、内側からの理解もするし外側からの理解もする。クライエントが内面を語っているようなときは、内側からの理解をするように努めているだろうが、沈黙が続くようなときには、外側からの理解をしているかもしれない。

内側からの理解と外側からの理解は、ちょうど反転図形の図と地が入れ替わるような関係にあり、共感的理解をしているときには同時に「外部的照合枠に基づく知覚を排除しておく」（ロジャース、1966a）ことが必要になる。クライエントにとっての外部的照合枠から知覚する、理解することをカッコの中に入れておくといったことだと言えばいいだろうか。カウンセラーは、外側からの理解をカッコの中に入れ、努めて、クライエントの私的世界をクライエントが見、味わっているままに、内側から共感的に理解するよう心がけていくのである。

同情・同一視

共感的理解とよく似ているが異なった性質に同情（sympathy）、同一視（identification）がある。これらは混同されやすく、自分には共感能力があると思っている人が、実際には同情深い人のこともある。カウンセラーがクライエントに同情したり同一視したりしてしまうことも実際に起きるが、これらをカウンセラーに必要なものと言うのはむつかしい。ロジャースは同情についてはまったくといっていいほど評価していない。同情するカウンセラーは援助できないとすら言っている。

共感的理解について、同情になってしまわないように、ロジャースが強く要請していることがある。それは「クライエントの私的な世界を、あたかも自分自身のものであるかのように感じとり、しかもこの〝あたかも……のように〟(as if) という性格を失わない」(ロジャース、1966a) ということであり、もし「あたかも……のように」いう性格を失ってしまうと、クライエントの私的世界をまさに自分のものとして感じる、同情や同一視になってしまうというのである。しかし、「あたかも自分自身のもののように」感じることと「まさに自分のものとして」感じることとが違うんだと言われても、ピンと来ないかもしれない。ロジャースが言おうとしているのは、クライエントが内面で経験していることを感じ取ったカウンセラーが「これはクライエントの経験であって、私のものではない」とはっきりととらえ、一線を画するというところがなくてはならないということである。そうでないと、同情や同一視のような混乱した状態になってしまうとロジャースは考えているのである。

同一視は、自分と他者の境界があいまいになり、自分と他者を同一と見なしてしまう心の働き、そういう混乱した認知のあり方をいう。ある体験をしている人を見て、それを人ごとでないように感じる場合には、この同一視が働いているのだろう。

サッカーの試合を見ていて、自分が応援しているチームが点を入れると、大喜びし、点を取られると、がっかりしたり、相手チームを罵《ののし》ったりすることがある。そこでは同一視が起きていると言える。

相手に一所懸命尽してあげたのに、裏切られるようにして振られてしまった体験のある女性が、友達と一緒にテレビのドラマを見ていたとしよう。ドラマは恋愛ドラマで、主人公の女性が、相手に尽くしてあげるけど、捨てられてしまうという展開があった。このとき彼女は、他人事とは思えないでのめり込んでしまうだろう。一緒に見ていた友達が、「この女、バカね」などと言えば、ムキになって反発するのではないだろうか。こういう場合も同一視が起きていると言える。

これらと同様、カウンセラーもクライエントに同一視して、いま経験しているのが自分の感情か、クライエントのものなのか区別できないくらいに、混沌とした状態になってしまうことがある。

佐治守夫（1993）は、あるクライエントから「私の苦しみは、同情してもらってなくなるようなものではない」と言われたことを契機に同情について考察している。佐治の考察の一点目は「クライエントがほしいのは、単なるくちをきいてくれる誰でもいい他人、Aの人がきいてくれないならすぐBの人を代わりにもってきてすむという意味で交換の可能な誰か、ではないのだということである。自分の前には、その人としての存在を明確に示している特定のある人間がいることによって、言いかえれば、自分を見失うことのない一人の特定のカウンセラーがいることによって、その人間との関係を展開することができるのであう。同情深くありすぎて、自分の気持の動揺によって相手も動揺する。そういう相手との関係の中では、どうにも安心できないのは当然のことであるらしい」ということである。

同情深いカウンセラーは、クライエントが動揺すると、それと同じように動揺してしまい、そのためにクライエントに安心感を与えられなくなるのである。クライエントと一緒にカウンセラーが深い海の中に一緒に沈んでいってしまい、クライエントから見ると自分を海の上まで引き上げてくれる力がないように思えて安心することができないといった感じだろうか。

また佐治は、「あまりに相手に同情しすぎているときは、相手の人間全体のうち、ごく一部分にだけ対していることになりがちなのだということを知るようになってきている。同情、同感ということは、私の個人的な感情と相手の個人的な感情とを重ねあわせることである。相手の個人的な感情のうち、私の個人的な感情と共鳴し重なりあうのは、ごく一部にすぎない。同情しているときの私は、ときに同情に酔っていさえする。酔うためには、酔える材料だけをえらびとらねばならぬ。いわば同感し同情できる材料だけを選択してきいていることになりがちなのである。クライエントは必ずしも、こっちが同情している点を語りたいのではないのかもしれない。無条件に相手のはなしがきけるという状態にいなければ、カウンセリングが進行しないというのは、こういった事情をも含めて言えることだと思う」と述べている。

同情しすぎているときには、クライエントという人間全体に対しているとは言えず、その内面の一部分、自分にとって都合がよい同情できる部分だけを大きく取り上げて、残りの部分については注目もしないということになりやすいのである。

同情や同一視が強く起きるようなときには、それがクライエントのためになるわけではない。カウンセラーは、むしろそれを自分の問題だととらえ、自分自身の内面を探求していく必要があるだろう。

投射（projection）

対処と防衛の研究をしたハーン（Haan,N., 1977）は、共感を柔軟で意識的で現実的というような特質がある対処の一つとしている。共感は、内省をしたり内面知覚する感受性の一つで、自己を敏感に他者の立場に置くことができ、相手がどう感じているかを思い描くことができることを言い、ロジャースの言う共感的理解とそれほど隔たっていない。

ハーンは、対処と似てはいても異なる過程として、硬く柔軟性を欠いていて、現実を歪め、無意識的であるというような特質がある防衛を考えている。対処の共感に対応する防衛は、投射である。投射は、情緒的に受けいれがたい考えや特性や願望を意識しないで拒否し、それを他の人に帰すること、他の人がその考えや特性や願望をもっていると感じてしまうことをいう。

たとえば、心細さを感じ、人にすがりたいと感じている母親が、自分ではその気持ちを認めないで、自分の子どもに投射し、子どもが心細さを感じ、人にすがりたいと感じていると思い、その子が望んでいるのよりもずっと手厚い世話をするようになることがある。このように、自分の気持ちを勝手に相手に投げかけるのが投射である。それは、共感とは、まるで異なっている。

カウンセリングで言えば、クライエントが自分は親から「お前、頭が悪いんじゃないの」と無神経なことを言われ、恨みに思っているという話をしたときに、カウンセラーは、クライエントの親に対する恨みの感情を理解するだろう。このとき、カウンセラー自身が、自分の親に、言葉で抑えつけられ鋭い目で抑えつけられ、激しい恨みを抱き、その気持ちを解消しないままできたような場合は、クライエントの感情を理解したつもりになって、自分の隠しもっている感情を投射して、ひどい親だと憤ったりすることがあるかもしれない。この憤りは、クライエントの内面にある感情を正確に理解したための反応というより、カウンセラー自身の感情の表れである。

フロム＝ライヒマン（Fromm-Reichmann,F.,1964）は、「治療者の人格とその専門的能力の基本として要求されるものを一言で答えようとするならば、それは少なくとも他人のいうことに心から耳を傾けうる人間でなければならないということである。…… 他の人が自発的に述べることを聴き、これをまとめ、しかもこれに対して誤った方法、つまり自分の問題や体験の線にそった方法で反応しないようにするということは、特殊な訓練をうけていない場合、ほとんど不可能な対人交渉のわざなのである」と述べている。自分の気持ちを勝手に投射するのは、自分の問題や体験の線にそった方法で反応することの一つであり、心から耳を傾けていることにはならないし、共感的理解をしていることにもならない。

クライエントと同じ体験が必要か

子育てに悩む母親がやってきて、どう見ても自分より若い、おそらくは独身に思えるカウンセラーと会っていくことになった場合、この若い、子育てを体験したことがないように見えるカウンセラーに、自分の抱えている困難や悩みが理解できるだろうか、と頼りない気持ちを抱くことがあるだろう。また、配偶者と死別して遺された人が、たとえ周囲の人たちからやさしくされても、自分の苦しさは同じ体験をした人でなければわからないと考えることがある。遺された人のために、自助グループができていて、遺された人の支えになっているが、自助グループのメンバーは同じ体験をした人からなっており、そうだからこそ支えになってあげることができるのだという。

相手の内面に共感的理解をするためには、わかるようにするためには、相手と同じ体験をしていることが必要だろうと考えている人は多いだろう。

このような考えを推し進めていくと、死別や失恋であれ、受験の失敗であれ、出産であれ、きょうだいとの葛藤であれ、カウンセラーはクライエントと同じ体験をしているべきだという発想になってしまう。しかし、これは現実には満たすことがむつかしい条件である。この点に関して、村瀬孝雄（1987）は、人生において同じ体験をしているから共感ができるというのではなく「共感ということが可能になるのも、二人の人間の間に、最も根源的なところでは、人間であることの、実存的な悲しみ、苦しさ、喜び、嘆き、侘びしさ等々の点では、まったく共通の原型的な経験があることを前提としている」と述べている。それは、「あなたがその人を憎む気持ちと、私がかつてある人を憎んだのとは、あらわれ方こそずいぶん違うが、その本質をつきつめれば、全く同じ気がする」ということだと言っている。この意味で、カウンセラーはクライエントと同じ体験をしていなくとも、共感的理解をしていくことができるのである。

もう一つ、同じ体験と考えているものが、同じ体験と言えるかどうかが問題である。たとえば、失恋の体験を、一人の人間は、自尊心を傷つけられた、できることならもう思い出したくない屈辱的な体験だと感じているのに対し、もう一人はとてもつらい体験ではあったが、自分が成長する機会を与えてくれた体験だと感じていることもある。同じ失恋、同じ受験の失敗と大雑把にくることができても、厳密に考えれば、まったく同じ意味をもつ体験ではないはずである。それなのに、相手と同じ体験をしてきているから理解しやすいと思っていると、相手の体験について、自分の体験や問題の線に沿った方法で反応してしまうということも起きてくるのである。

第二節　いくつかの手法と共感的理解の効果

仮説としての理解

共感的理解は、正確であるに越したことはない。しかし、実際には理解したつもりになっているだけで、理解が正確でないことも多くある。

カウンセラーがいくら自分の共感能力に自信があったとしても、自分が理解したことは、間違いのない真理ではなく、きっとこういうことではないかと感じた仮説であると考える必要がある。

真理であれば、それが簡単に変わることはないだろうが、仮説はいつでも検討され修正されるという性質をもっている。カウンセラーは、自分が得た理解が妥当であるかどうかの確認、すなわち「今あなたが感じていることを、私はこんなふうに理解しているのですが、この理解でいいのでしょうか」という確認をしていかなくてはならない。

カウンセラーは確認をするのであって、それ以上の断定的な言葉を使うことはしない。カウンセラーは「本当のことを友達に言えなかったので、あなたは後悔しているのですね」と言うのであって、「本当のことを友達に言えなかったので、あなたは後悔しているのです」とは言わない。断定的な言葉は、たとえ正確な理解を示す内容であっても、カウンセラーによってなされた評価、判断となってしまい、クライエントに、「私の言葉こそ間違いのない真理である」と告げることになってしまう。そういった断定的言葉が続くカウンセリングは、クライエント中心ではなく、カウンセラー中心のカウンセリングになってしまう。

ピッタリと沿う――感情の反射（reflection of feeling）

少し古い話になるが、確認するということにかかわる技法を取り上げてみよう。ロジャースがカウンセラーの姿勢を重視するようになる前に作った技法に、感情の反射がある。感情の反射は、クライエントが用いたのと同じか、ほとんど同じ言葉を用いて、クライエントの感情を確認する応答をすることをいう。

たとえば、クライエントの「自分が仕事についていけないってことをときどき課長に話そうかなって思うんです。でも、課長の方は、それを話しても、わかってくれないかもしれないなって思うんです」という言葉から、カウンセラーが「仕事についていけないって課長に話そうと思うけど、向こうはわかってくれないかもしれないって思うんだ」と応答するのが感情の反射である。

また、クライエントの「この間、サークルの子が、いかにも高そうな服を着てきたんです。みんなは可愛いとか似合ってるとか言ってほめるんだけど、……私も一緒になってほめたんだけど、本心ではそうなのかなあ、そんなにいいかなあって思ってしまうんです。こういうことがよくあるんで、自分の感じ方って人とは違う、もしかして自分ておかしいのかなあって思ってしまいます」という言葉を聞いて、カウンセラーが「自分の感じ方が人と違ってる、それで自分はおかしいのかなと思ってしまうんだ」と応答するのも感情の反射である。

カウンセラーがこの感情の反射の手法を用いることによって、クライエントの内面をちょうど鏡に映し出すようにすることから、「反射」という言葉が用いられたと考えられる。

この手法は、技術として見れば、クライエントが直前に話した言葉の感情を表している部分を取り上げて、同じ言葉で繰り返せばよいので、簡単である。ほとんど機械的に行うこともできそうである。実際にこのような手法は批判の意味を込めて、オウム返しと呼ばれたこともあるが、機械的に感情の反射を行なうのであれば、オウム返しと呼ばれても仕方がないことである。

しかし、感情の反射は共感的理解を伝えるものであるから、クライエントの言葉を自分の中に読み込んで、その気持ちを感じ取った上で、同じ言葉で繰り返すのでなければいけないはずで、機械的自動的に繰り返すのとは、言葉の上では同じであったとしても、クライエントに伝わっていくものは異なるはずである。

単にオウム返しで繰り返せばよいと思っていると、次のようなやりとりが生じることもある。

クライエントは（高校二年生の男性。かつて中学生だったころ、学校ではいい思いをしてこなかったのを語っているというカウンセリングの流れで）「中学二年の時、放課後五人でふざけていて窓ガラスを割ったんです。だけど、あのとき呼び出されて叱られたのは俺一人だったんですよ」と言った。これに対して、カウンセラーは「放課後五人でふざけていて窓ガラスを割ってしまい、あなた一人が呼び出されて叱られたんですね」と応えた。

このカウンセラーの応答は、クライエントの言葉の内容を確認する応答になっている。クライエントに起きた事実についてカウンセラーが確かめたいときなどには、この内容の確認を行なうことがある。言ってはいけない応答ではない。しかし、このクライエントに対しては、その内面を感じ取って、カウンセラーは「何で自分だけなんだよって思ったんだ」とか「自分一人だけなんて不当じゃないかって感じたんだね」といった応答をするのが望ましいだろう。

もう一つ、同じようにクライエントが感情を表現する言葉を使っていない例をあげてみよう。

ある女性クライエントは「戦争が始まったちょうどその頃に、父と母は結婚したと聞いています。それで私が母のおなかのなかにいるときに、父は戦争に行きました。それで、その戦地で父は病気にかかって死んだらしいです。だから私、父の顔って見たことがないんですよ。子どもの頃、田舎でお墓に行って父の骨壷見たことがあるんですが、中に何も入ってないんです」と言った（クライエントはこの話をする少し前に、子どもをほったらかしていた、だらしない母親に比べて「父は頭が良くて優しい人だったと、人から聞いたことがあります」と語っている。また、同様な父親に対するあこがれに近い肯定的な感情を何回か語っている）

このクライエントの言葉に対して「あなたが生まれる前に、お父さんは戦争に行き、戦地で亡くなられたんですね」「それで、あなたはお父さんの顔を見たことがないのですね」「お父さんの骨壷を見たけどなかに何も入っていなかったんですね」などとカウンセラーが応えることができる。クライエントの言葉の内容の確認である。このカウンセラーのどの言葉に対しても、クライエントは「はい」「そうです」と答え、会話はなめらかに進むだろう。

しかし、カウンセラーがもっと大切にしなければならないのはクライエントの内面であり、その感情である。このクライエントは「……と感じるんです」「……という気持ちなんです」などとは一言も言っていない。感情の表明をしていないように見える。しかし、そうではない。事実を淡々と述べているように見えても、感情は伝わってくるのである。

実際には、カウンセラーは、クライエントの言葉の背後、話の流れからクライエントの内面を感じ取って、「お父さんが死んだとは聞いてるけど、それが信じられないような気持ち、本当にそうなのっていう気持ちがあるように聞こえてくる」と言った。「もしかしたら、お父さんに会いたいって気持ちがあるのかな」と言ってもよかったかもしれない。

一歩先へ——明確化（clarification）

先にあげた二つの例で、クライエントは、気持ち、感情を表す言葉を使っていないのであるから、カウンセラーはクライエントの気持ちを理解して、自分の言葉でそれを表現し確認していることになる。

感情の反射とともに、ロジャースがかつて用いた技法に明確化がある。感情の反射では、クライエントが使ったのと同じ言葉をカウンセラーも使って応答するのだが、明確化は、クライエントが使っていない言葉をカウンセラーが使って、クライエントの気持ちを理解したことを示す応答をする点で異なっている。

感情の明確化の例を見てみよう。

クライエント（二〇代の女性で、仕事を続けることができなくなり、休職に入っている）は「いまはとても仕事に出られないけど、せっかく休職になって家にいても、こんなことしてていいのって思ってしまう。私の状態って（精神科のお医者さんは）ノイローゼだって言うけど、ネットで調べたら、ノイローゼとか神経症って、病気なのかはっきりしない中途半端な状態って出ているし、人から見ると、ずるしている、サボっているように見えちゃうように思う。だから、お医者さんが重い病気ですって言ってくれれば、その方が気が楽だなって思う」と言った。この言葉に対して、カウンセラーが「この人は重い病気ですよってお墨付きがほしい。そうすれば、仕事に出てなくても、これでいいのって後ろめたく感じないですむんだ」と応答した。これが、明確化である。このカウンセラーの言葉に、クライエントは「そう。私、病気ですって、札をつけて欲しい」と答えている。

クライエントは、自分がノイローゼか病気なのかはっきりしない中途半端な状態であり、仕事に出ないのが単なるずる、サボりに見えるだろうし、自分でもそうではないかと思ってしまう。「こんなことしてていいのって思ってしまう」のは、クライエントのその後ろめたい感情を表している。彼女は、もし医者が重い病気だと診断してくれれば、その後ろめたい感情を覚えないで、「私は立派な病人なんですよ」と思うことができ、堂々と休んでいられるのにと感じている。カウンセラーは、それらの気持ちを理解して、明確化の応答をしたのである。

同じクライエントに、一人の友人がいた。クライエントは、友人には自分の苦悩について多くを語らず、むしろ友人の悩みの相談に乗ることもあった。彼女は仕事を続けることができなくなっているが、友人は仕事が楽で、たとえ仕事がうまくいかなくても、同僚がフォローしてくれるような恵まれた職場にいた。でも、友人には友人なりの悩みがあった。自分が仕事が要領よくこなせないせいで同僚に迷惑をかけている、というのがその悩みであり、友人は元気をなくしていた。クライエントから通院している話を聞いていた友人は、自分も精神科の医者に会いたいと思うようになった。

クライエントは、友人が愚痴をこぼしているのではあっても、まさか精神科の医者のところには行かないだろうと思っていた。しかし、クライエントが会っている医者のところに友人がやってきたことがわかった。病院の待合室でふたりはばったり会ったのである。その後のカウンセリングで、クライエントは「あの子、ほんとに病院に乗り込んできました。恵まれてるのに。それがわかってから、きょうまで、ずっとむかついていました」と言った。この言葉を聞いて、カウンセラーは「ここだけが私の領分なのに、そこを犯されたように感じた？　よくばりだなって感じたんだ？」と応えた。これも、明確化である。

クライエントは、厳しい職場にいて、仕事を続けることができなくなっている。友人は、仕事が楽で、クライエントよりはるかに恵まれた職場にいた。クライエントにとっては、何もかも友人には負けており、彼女にこれが私のものだ、私の領分だと言えることは、自分が神経症で精神科の医者にかかっていることくらいであった。そこにとうとう友人が、入り込んできた。クライエントに比べたら大した悩みでもないのに、入ってきたのである。その気持ちを感じ取ったカウンセラーが、先の明確化をしたのである。

このカウンセラーの言葉に、クライエントは「そう。病人面するの、って思った」と答えている。

クライエントにとって「自分は貧しくて人形を一つしか持っていない。あの子（友人）は金持ちで、人形をたくさん持っている。それなのに、病人面して、私が一つしかもっていない人形と同じ人形を手に入れようとする」のであり、それはよくばりなのである。

感情の反射も明確化もともに共感的理解をクライエントに伝える手法である。感情の反射は、機械的に技術として使うのでなければ、オウム返しという批判が不当に思われるくらい、クライエントの気持ちにピッタリと沿う応答にすることができる。明確化は、クライエントが使ったのとは異なる言葉を用いる。カウンセラーは言い換えることを念頭に置いているのではない。クライエントの気持ちをもっとよく表わしている言葉を使おうとするのである。

クライエントの言葉と内面のズレ

カウンセリングでは、主に言葉を媒介とした交流が起きる。言葉は大切であるが、クライエントの言葉が、その内面をそのまま表現しているとは限らない。カウンセラーを騙そうとしてではなく、自分を何とか正当化したい、自分に何かを言い聞かせたいといった動機から、内面で感じていることとズレのある言葉をクライエントが言うこともある。

これに対して、クライエント中心のカウンセラーはクライエントの言葉を理解するというより、その言葉を発したクライエントの私的世界を理解しようと努めている。そのため、クライエントの言葉と内面で感じていることのズレをカウンセラーが感じ取ることもある。

クライエントN子（大学生）は、自分の母親をとても偉い人だと尊敬していた。彼女は「父親が子どもっぽくて、一つの仕事に就いていることができないような人ですから、うちの母は稼がなくてはならない、家族の面倒を見なくてはならない。これは大変だったのですが、さすがにそれを乗り切ってきた貫禄のようなものがあります。これは父親があああだからよけいにそう感じるのかもしれませんが、すごい人だと思います」とクライエントは言っていた。

あるとき彼女が幼い頃からずっと忙しくしていた母親について話していたときに「母は祖母の看病が大変だったと言っていますから、他のことに手が回らなかったとしても仕方ないことだったんです」と普段よりもいくぶん強い調子で言った。これを聴いたときに、カウンセラーは、彼女の本心からの言葉なのかな、無理しているように聞こえるなと感じた。これは、その前からときどき彼女が母親をほめるときに感じていたことでもあったのだが、それを「お母さん、看病が大変で、他のことに手が回らなかったのも仕方なかったってこと、どこか努力してそう思おうとしている、自分に言い聞かせているみたいに聞こえちゃうんだけど」と伝えた。

カウンセラーの言葉に対するN子からの格別な応答はなかった。しかし、そのときから彼女は少しづつ「子どもの頃はずっと寂しかった」「母に私の方を向いていてほしかった」といった母親に対する満たされなかった気持ちを、語るようになっていった。

クライエントはときに内面で感じていることとズレのある言葉を語ることがある。このため、カウンセラーはクライエントの言葉をそのまま鵜呑みにするのでなく、「皮膚を通して伝わってくる」とでも言うべきものを大切にして、クライエントに耳を傾けていく必要がある。

共感的理解とパーソナリティ変化

カウンセラーは、クライエントがはっきりと意識しているものを理解することができるが、クライエントが意識している明白なものを理解し伝えるだけでは、カウンセリングは十分なものにならない。

何を共感的に理解するのかを振り返ってみると、このことがわかる。カウンセラーはクライエントの内部的照合枠に共感的理解を経験するのであるが、内部的照合枠とは、その人が経験している世界を言うのであり、クライエントが簡単に意識できることや言葉にできることだけを含むのではない。

カウンセラーは、共感的理解によって、クライエントが意識する可能性はあるが、まだはっきりとは意識してない経験の意味、今のところはまだ自己概念と相容れることのない経験や、防衛されている経験の意味をも理解することができる。クライエントの一歩先を行くことだと言ったらよいだろうか、ロジャース（1968）は「クライエント中心のセラピストは、クライエントの意識の先端のところにある潜在的な意味のたまりからすくい上げようとするのである」と言っている。

カウンセラーは、クライエントの私的世界に焦点を合わせ、クライエントが経験していることの中に潜在している意味を探し出し、それをクライエントに伝えるのである。それは、クライエントが言葉にできなかったもの、それまで名前がついていなかったものに名前をつける働きかけだと考えることもできる。

カウンセラーの応答によって、そういう経験の意味がクライエントに伝わっていけば、クライエントの自己概念が許容する経験が増えた形で変化し、クライエントの自己概念と経験は、よりいっそう一致していくのである。

第三節　質問

カウンセラーからの質問

クライエントの理解を増すために、カウンセラーが質問することがある。質問は理解を増すための便利な働き掛けである。しかし、カウンセラーが質問する、クライエントが答えるというやり取りが頻繁に続くと、クライエント中心ではなく、カウンセラー中心のやり取りになっていき、クライエントはカウンセリングをカウンセラーに任せ切ってしまい、自分は受け身でいればよいのだという構えになってしまうことがある。カウンセリングを進める責任は、自分にあるのではなくカウンセラーにあるとクライエントが感じてしまうことは、避けたいものである。また、質問は、カウンセラーが尋ねたいことについてクライエントに説明を要求することになり、自分の気持ちを味わっていたところからクライエントを引き離してしまうことがある。これもクライエント中心のカウンセリングの良さを損なってしまうことになる。カウンセラーは、クライエントについて知りたいことが出てきたとき、なにげなく質問してしまうことが多いが、質問は注意深く使っていく必要があるのである。

質問紙に似た質問

質問は、大きく二つの種類に分けられる。通常閉じられた質問と開かれた質問と呼ばれているが、それらを心理検査の名前をとって、質問紙に似た質問、文章完成検査に似た質問と呼ぶこともできる。

心理検査の一種に質問紙がある。質問紙は、パーソナリティの一つ、あるいは、いくつかの側面について多数の質問項目を用意し、はい・いいえといった比較的少数の選択肢の中から、一つを選び回答させるテストである。表4―1に質問紙の項目の例を記す。

この質問紙の項目の例のように、カウンセラーがクライエントに「お医者さんのところには行ったのですか？」「その人、男の人ですか？」「身体を動かすことが好きなの？」と質問することができる。「ご家族は何人ですか？」「それが起きたのはいつのことだったの？」という質問もそれと類似している。このような、答えがいくつかに限定されていて、どんな答えが返ってくるか、ありそうな答えをカウンセラーがかなりの程度予想できる質問が、質問紙に似た質問である。

表4－1　質問紙の項目の例（鈴木乙史・佐々木正宏、1996）

いつも明るくほがらかですか。	はい　いいえ
人前では緊張する。	あてはまる　あてはまらない
人の世話が好きですか。	はい　どちらともいえない　いいえ

この質問紙のようないわゆる客観的な心理検査について、レヴィンジャーとウェスラー（1970a）は、客観的検査は心理学者の側の理論的枠組み、その心理学者が何を研究していて、その検査を使って何を知ろうとしているかはよく反映するが、被験者の枠組みは十分に反映しないと言っている。

質問紙に似た質問についても同様のことをいうなら、カウンセラーの側の枠組み、カウンセラーが何を知ろうとしているかをよく反映するが、クライエントの枠組み、クライエントの私的世界は、十分反映しない質問ということになる。

文章完成検査に似た質問

もう一つの文章完成検査は投影法の一種である。投影法検査は、検査の刺激に対する人の反応を、その人独自のパーソナリティの投影であると考える。このため、与えられる刺激は、曖昧でいろいろな意味に受け取れるものであり、検査に答える人の反応の自由度が高く、多様な反応が現れる。文章完成検査は、刺激として、文の最

表4－2　文章完成検査の項目と反応の例

私の父は	●すばらしい人である ●何でも買ってくれる ●現在48才で会社員です ●がんこな人だが理解のある人だ
母と私は	●けんかばかりしている ●姉妹みたいとよく言われます ●だんだんと友たちのような話ができるようになってきました ●母親と娘であり、先輩と後輩であり、個人と個人である。私は母を一人のおんなとしてシビアな目で見るのが好きだ

初の部分を示し、その後に言葉を補って文を作ってもらう検査である。

表4―2に、文章完成検査の項目と反応の例を記す。

この文章完成検査の項目の例のように、カウンセラーがクライエントに「お父さんて、どんな方なのですか?」「お母さんとの関係はどうですか?」「そのときどんな気持ちだったの?」と質問することができる。このように、質問がおおまかに答えの領域や方向を限定しているだけで、多様な答えの可能性がある質問が、文章完成検査に似た質問である。

レヴィンジャーとウェスラー（1970a）は、文章完成検査のような投影法検査は、心理学者の枠組みよりも、被験者の枠組みをよく反映すると考えている。

文章完成検査に似た質問について同様のことを言

うなら、それはカウンセラーの側の枠組み、カウンセラーの側が何を知ろうとしているのかということ以上に、クライエントの枠組み、クライエントの私的世界をよく反映する質問ということができる。たとえば、「お父さんてやさしい方なのですか?」と質問した場合、クライエントから返ってくる答えは「はい、そうです」「いいえ、やさしい人ではありません」「なんともいえません」などに限られている。しかし、「お父さんてどんな方なのですか?」と質問すれば、クライエントは、自分のなかでとらえている父親について、そのままに近い形で答えてくれるだろう。クライエントにとって、父親がやさしいかどうかはあまり重要でなく、父親の別なパーソナリティ特性についてクライエントが複雑な思いを抱いていることがわかってくるようなこともある。

カウンセラーは、質問紙に似た質問も文章完成検査に似た質問もすることができる。それぞれの性質をよく理解した上で使い分けていかなくてはならないとはよく言われる。質問紙に似た質問も、知りたい情報を簡単に得られる点で大切な質問である。しかし、クライエントにその私的世界を伝えてもらうのに役立つ質問、共感的理解と結びつきやすい質問は、文章完成検査に似た質問の方であろう。

クライエントからの質問

もう一つ、カウンセリングの中に登場する質問がある。クライエントがカウンセラーに向けて発してくる質問である。

日常の人間関係では、相手から質問されたら、それは何か相手にわからないことがあったために質問したのであるから、返答するのが当然という場合が多いだろう。カウンセリングでも、クライエントの質問が、単なる質問であると受け取ってよい場合がもちろんあるが、もっと別な意図や感情から、質問の形を取った言葉が発せられたと受け取った方がよい場合がよくある。

不登校の息子をもつ母親J子は、カウンセリングの中で、不登校でときおり自分に暴力をふるう息子にどうやってつき合っていけばよいのか、その難しさを話しているうちに、仕事人間であり、子どものことについて話し合おうとすると「子どものしつけはおまえに任せたはずだ」と言ってくる逃げ腰の夫に対する不満を語るようになった。そんな夫への不満を語るようになって、しばらく経過した頃、ある面接で、彼女はカウンセラーに「先生は結婚していらっしゃいますか?」と尋ねてきた。比較的若いカウンセラーに対して、年長の既婚のクライエントが質問することがあるのが、この「先生は結婚していらっしゃいますか?」である。

カウンセラーは少しとまどったが「ああ、してますが……。うーん、もしかして、結婚していないと話しにくいようなことがあるのかなと思うんだけど、どうですか?」と答えた。J子は「そうなんです。言いにくいことなんだけど……」と前置きして、彼女は夫について、さらにこれまで話さないできたことを話し始めた。彼女は夫が好きで結婚した訳じゃない。威張って言うようなことじゃないけど、いまから考えると愛情なんてあまりなかったんじゃないですかね」と述べ、夫婦生活について、「自分はぎりぎりのところで何とか耐えてきた」「結婚したときから、年が経てば直るだろうと思ってきたけど、結局だめだった」などと話すようになったのである。

また、女子大学生のクライエントT子は、大学での交友関係の乏しさとつまらなさを述べているときに、「先生、こんな話をずっと聞いていて、つまらない、もう聞きたくないって思いません?」と尋ねてきた。

カウンセラーは、まず「それはないよ」と答えた。カウンセラーの心には「こっちがどんな気持ちで聞いてるんだろうって気になる?」「明るい話じゃないんで、私が嫌になってるのじゃないかって思うのかなあ?」など言葉がいろいろと浮かんだが、「自分のする話は、人がつまらないって感じるように思うの?」と尋ね返した。T子は、「そう。私、昔っから、変な人って、悪い意味で言われることが多かった。高校のときも、休み時間に隣の席の子と話していて、そのうちにその子がどんどん退いていってるのがわかってしまって、ああ、また変な人って思われてるなってわかった。人恋しくて友達はたくさん欲しいんだけど、高校の最後にはとうとう一緒に行動できる人もいなくなってしまった。学校ではいつもそうだった。どうも話が面白くないってみんな感じてしまうらしい」と言った。その後さらに彼女は「私の話に魅力がない、話すのがへたくそって言うんじゃなくて、話してる私自身に魅力がないものだから、そういうことになるんだと思う」と語るようになった。

クライエント中心のカウンセラーは、クライエントの私的世界を理解することを心がけているのであるから、それまでクライエントと対話してきた流れで、質問の意図がおそらくこういうことではないかとわかる場合が多くあるだろう。はっきりとはわからないにしても単にわからないことを聞いてきたのではないと感じる場合もあるだろう。それによって「結婚していないと話しにくい感じがあるのですか?」「自分のする話は、人がつまらないって感じるように思うの?」など、クライエントの内面を確認し明確にするための応答をしていくのである。

クライエント中心のカウンセラーは、共感的理解をするために貪欲であるべきだろう。質問に対する答えの方は簡潔にして、クライエントの私的世界を理解するための確認をする応答をカウンセラーの方から返すのがよいであろう。ときには、質問に対する答えはなくてもかまわないことがあるだろうが、クライエントの私的世界を理解するための確認は欠かすことができない。

第五章

自己一致

自己一致（self-congruence）は、純粋さ（genuineness）とも呼ばれる。genuineとは、本物の、真の、といった意味をもつ言葉である。

われわれは、「本物」でない人について、「あの人の言ってることは間違ってはいないんだけど、どうもそれが嘘くさく聞こえてくるんだ」「あの人は愛想がいいしやさしそうに見えるけれども、表裏がありすぎる」「彼女は仮面をかぶって生きている。仮面が張りついてしまっているみたいだ」「彼女はやることが演技的だね」「彼は建前でしかものを言わない人だ」などという。このような印象を与える人は、自己一致しているとはいえない人であろう。

第一節　自己一致の意味

自己一致の定義

自己一致は、カウンセラーがクライエントとの関係の中で、ありのままの純粋な統合された人間であることをいう。この自己一致の姿勢について、ロジャースは次のように述べている。

「まず第一に、わたしが関係の中で真実であり得るかどうかということが問題です。

ここ数年来、このことはわたしにとって、ますます重要性をましてきました。わたしがもちたいと思っている関係の質を他の言葉で表すならば、純粋さということになるでしょう。またわたしは自己一致という言葉が好きです。すなわち、自分の中に体験していることが意識化され、対話の中に出て来るということです。ある意味で、わたしがこのような特質をもつ関係をもつときには、自分がその関係の中で完全にひとつになっているということです。別の表現をしますと、わたしは透明でありたいと思う。クライエントはわたしをどんな方向からも見透すことができ、わたしの中にはなにも隠されていないということを知って欲しいと思うのです。今まで述べてきたようなあり方で真実になるとき、わたしの感情も意識化され表現されます。しかも、クライエントに押しつけるような形ではなく、表わされるのです」（日本精神技術研究所、1984）。

　自己一致は、その人のパーソナリティのあり方という点から言うならば、自己と経験の一致、二章の図2―2の経験を表す円と自己概念を表す円の重なりが大きいことを言う。それは、その人が瞬間瞬間に味わい、感じている経験が、その自己概念と矛盾しておらず、経験を意識することを否認したり、経験の意味を歪曲して意識したりという防衛が起きないことを言う。

必要十分条件のなかでは、クライエントは不一致の状態にあるのに対して、カウンセラーは一致していると述べられていた。これはクライエントは心理的不適応の状態にあるのに対して、カウンセラーが心理的適応の状態にあることを表わしているようにも考えられる。もしそうだとすると、カウンセラーは心理的に適応した人であり、理想的なパーソナリティの持ち主でなければならないことが説かれているように思えてしまう。しかし、ロジャースは、そのようなことを強調しているのではない。ロジャース（1966a）は「セラピストが、彼の生活のあらゆる側面において、これだけの統合性をもち、これだけの全体性を示す模範的な人間である必要はない」と述べている。カウンセラーが自己一致でいる必要があるのは、カウンセリングの中、クライエントとの関係においてなのであり、理想的なパーソナリティの持ち主として、その生活のすべてを模範的に生きるべきだと言うのではないのである。

クライエントと会っているときにカウンセラーが経験することはさまざまである。朝からずっと何人ものクライエントのカウンセリングをしてきたカウンセラーが、夕方クライエントにあったときに「きょうは疲れてしまって、もうカウンセリングをする元気がない。やめたいよ」と経験することもあるだろう。年輩のカウンセラーが若者言葉を連発するクライエントの言葉遣いのくせにいらいらすることだってあるだろう。「こうやってクライエントに会うのが楽しい。うきうきした気分になる」と経験することがあるだろうし、ときには、「このクライエントが怖い、とても一緒にいられない」と経験することもあるだろう。このような経験、とくにクライエントに対する否定的な感情を味わう経験は、カウンセラーとしてあってはいけないことのように見えるが、自己一致とは、このような経験もごまかさないで、他のいろいろな経験とともに意識しているということなのである。

カウンセラーが、クライエントと会っていて「この人、怖いなあ」と経験したとき、それをごまかそうとして、自分が落ち着いていることを装って、笑顔を作り、「まあ、どうぞ、どうぞ、楽にしてください」などと、言う必要もないことを言ったとすれば、それが不一致の表れである。その不自然さ、あるいはカウンセラーの言葉とカウンセラーの全体から伝わってくるもののズレを敏感に感じ取ったクライエントは、このカウンセラーを信頼することはできないと感じてしまうのではないだろうか。

クライエントとカウンセラーの関係は、信頼の関係であることを前提にして成り立っているが、クライエントのカウンセラーへの信頼は、自己一致によって得られると考えられる。カウンセラーが自己一致の姿勢でいることによって、カウンセラーの言葉は実感がこもったものになり、偽りのない言葉としてクライエントに届いていく。

そのようなカウンセラーを、クライエントは、この人は信頼に値すると感じるようになるだろう。

相手に対する正直さと自分に対する正直さ

日常の人間関係において、相手に対し否定的な感情を覚えるときがある。多くの人はそれでも本心を隠して言わないが、ときに正直に自分が感じた否定的感情を「あなたのそういうところが嫌いだし、自分としては腹が立つんだ」と正直に伝える人もいる。相手に対して正直に言うことによって、相手が「よくぞ言ってくれた」と感動し、その相手と「腹を割った」より深い交流が起き、嫌いだと思っていた相手が友人になることもある。

先の言葉の中でロジャースは「自分の中に体験していることが意識化され、対話の中に出て来るということです」と述べていた。これは、正直に自分の気持ちを言うのが自己一致である、否定的感情も言葉にしてクライエントに言うのが自己一致であると述べているように聞こえる。

「きょうは疲れてしまって、もうカウンセリングをする元気がない。やめたいよ」と経験しているカウンセラーは「きょうはカウンセリングしたくないんです」と言うべきであろうか。クライエントの言葉遣いのくせにいらいらしているカウンセラーは「あなたの言葉遣い、いらいらする、なんとかならないかなと思ってしまう」と伝えるべきであろうか。その答えはおおむねノーである。

心の中で経験していることを意識していることと、それをクライエントに伝えることとは同じではない。前者が「カウンセラーが自分に正直になること」とだとすれば、後者は「カウンセラーが自分の気持ちを正直にクライエントに言うこと」になる。自己一致の姿勢とは前者を指しているのであり、ときにカウンセラーは自己一致の姿勢に支えられて、後者を行うことがあると考えるのがよいだろう。

河合隼雄（1970）は「自分の心の中に動いていることはすべて、これをとりあげようというのがgenuineと言うことだと思います」と述べている。自分の心の中に動いていること、すなわち経験していることを、一つだけではなく、すべてとりあげ意識しているのが自己一致だと言っているのである。自己一致は、カウンセラーが自分が経験していることを、理想を言えばすべて、そこまでできなくともできるだけ多く意識しているという姿勢を言うであり、自分が経験していることのうちの、とくに目立つ一つだけをとりあげ、すぐにそのまま正直にクライエントに伝えることを言っているのではないのである。また、ロジャース（1966a）は「セラピストが彼自身の感情をすっかり表現し、あるいは吐き出してしまうということが目的なのではなくて、彼が自己自身についてクライエントを欺いてはならないということなのである」と述べている。ロジャースは、自分が経験していることを知り、それを事実として受容することが自己一致なのであり、それを表現し吐き出すことが目的なのではないと述べているのである。また、村瀬孝雄（1995）は「治療者は来談者との関係の中にいて自己の内面で経験されていることを十分に自覚していることが重要なのであり、その経験は当然治療者としての自分の役割や来談者に及ぼす可能性の高い影響力などへの配慮を自ずとうちに含んでいる」と述べている。カウンセラーがクライエントに否定的感情を経験している場合で言えば、その否定的感情をごまかさずに意識している一方で、今この感情を言葉にして伝えてしまうことは、クライエントにとっては耐えられないくらいに厳しいものになってしまうといった経験をも意識していることが、自己一致になるのである。

「できるだけ多く」というのを、身近なたとえで言えば、次のような話をあげることができる（保坂亨、2000を参考にした）。

明日提出しなければならないレポートを書いていたら、夜中十二時頃、友人から電話がかかってきた。恋人との中がうまくいかなくなりかけている、どうしたらいいだろうという話だった。不安でつらそうな話が延々と続くのを、ずっと聞くことになってしまった。

このとき、こちらに起きてきそうなのは、あまり身を入れないで聞いてしまい、でも相づちだけは打っていくという反応である。「ああ」とか「そうなの」という気のない返事をすることになるだろうが、これが自己一致していないことの表れと言える。

他に起きてきそうなのは、もういいだろう、いい加減に話を終わりにしてくれるとありがたいんだけどなあとか、眠いし、このままではレポートを完成できなくなってしまうだろうといった否定的な感情だろう。このとき、否定的な感情にこちらの注意が向いてしまうかもしれないが、他方で電話の相手は自分の大切な友達であるし、いまとても辛そうだから聞いてあげたいという気持もあるだろう。自己一致というのは、もういいだろう、いい加減に話を終わりにしてくれないかなあという否定的感情だけを意識するのでなく、友人はとても辛そうだ、今こそ聞いて支えてあげたいという相手への思いやりも意識しているということなのである。

カウンセラーで言えば、クライエントに対して、怖いなとか、話なんか聞きたくないよと感じ意識している一方で、クライエントを思いやる気持ち、これをそのまま伝えたら、クライエントは傷ついてしまうだろうといった気持ちも意識していることなのである。

第二節　自己一致の大切さ

統合失調症のクライエントとのカウンセリング

ロジャースが会っていたクライエントの多くは、自分から問題があると自覚してカウンセリングを求めてやってきて、カウンセリングの中で苦悩しつつも自己探求を押し進めていくクライエントであった。そのようなクライエントとのカウンセリングから、クライエント中心のカウンセリングが作られてきたということもできる。

後になってロジャースは、自分から進んでカウンセリングを求めてこないクライエント、分裂病（現在、統合失調症と呼ばれている）の人びとと会うようになった。たいていの統合失調症のクライエントが示す反応がある（表5―1参照）。

統合失調症のクライエントは、自己探求をしないし、沈黙が多いし、たとえ自分について語っているよう見えても、それは表面的なことである。このようなクライエントとカウンセリングを進めていくのは、ひどくむつかしいものになってしまう。

こうした状態から脱け出そうとする努力をする中で、効果的なカウンセリング関係

表5－1　統合失調症のクライエントが示す反応
（ロジャース、1968；1972に基づく）

(1)	カウンセリングに入ろうとする意欲がないこと	彼らのほとんどは、カウンセリングを欲していない、いわゆる動機づけのないクライエントであった。カウンセラーに会うのを拒むこともしばしばあった。
(2)	沈　　　　黙	ずっと黙っているという文字通りの沈黙もあるし、逆に、よく話すのではあるが、自分自身について何も語らないというもうひとつの沈黙もある。
(3)	自己探究をしようとしないこと	話すことが表面的なことがらに向けられていて、自分を探究するという意味合いはない。
(4)	強い非言語的な相互作用が起こること	彼らと会っていると言葉によらないコミュニケーションが起こる。それをお互いがはっきりと感じるのである。

を生み出すようなクライエントとの接し方が見いだされてきた。

次に記すのが、統合失調症の男性クライエントとカウンセリングの会話の一部である（ロジャース、1972）。クライエントはすぐに自分は治療を間違えられたと思うし、すぐに怒り出し、病院の職員と何度もけんかするような人であった。以下、TはカウンセラーCはクライエント。

T：雑誌を少しもってきましたが、よろしかったらお持ち下さい。

（沈黙　四七秒）

T：その後あなたのお話を聞いておりませんが、あの日町に行くことができましたか？

C：ええ。トラックを運転している子といっしょに行ってきました。

T：フム、フム。（隣の事務室の声がひくく聞こえている）

（沈黙　一分）

T：ちょっと失礼します。（音を止めに行く）

（沈黙　一分二〇秒）

T：なぜだかわかりませんが、今日はあなたが顔に手をやらないので、いつもよりよくあなたを見ることができるのが、なんだか気持がいいのです。なぜそう思うのかよくわからないのですが、あなたがいつもよりももっとここにいるという感じがするのです。それで、こういうことかと思うのですが――あなたが、自分の手や何かのかげにかくれているというように思われないからだろう、と思うんです。

（沈黙　五〇秒）

T：で、私の感じでは、まちがっているかもしれませんが、私の感じでは、今日、いつかの日と同じように、ここに入ってくるとき、あなたの深いところにある感じのなかに沈みこもうとしていらっしゃる、そんなように思われるのです。時々はそれは、この前と同じように非常に悪い感じなんだけれども、またときにはおそらく、同じ種類だけど、そんなに悪くない――ともかくあなたが入ってきたとき、この感じのなかに深くひたっているような気がしたのです。そして今は——

C：それをとりはずしたいのです。

T：はあ？

C：それをとりはずしたいのです。

T：とりはずしたいんですか？　ここから逃げ出したいのですか？　そういうことですか？　それはある——何が——何かがあるんですか？　言うことができますか？　あるいはもっと正しくは、あなたがこの場所が好きでないことはわかるのですが、何か特別なものがやってきた、ということなんでしょうね？

C：逃げ出して、死にたいんです。

T：フム、フム、フム。ここから逃げてどこかへ行きたい、ということでもない。ここから逃げ出して、どっかの片すみで死んでしまいたいんですね？

（沈黙　三〇秒）

T：あなたの気持を吸いこんでいると、その感じがどんなに深いものであるか、わかるような気がします。あなたが——いや私の心に浮かんでくるイメージは、いわば、傷ついた動物が、這ってでも逃げて死のうとしている、そんなものです。あなたの感じとしては、ただここから逃げて、消えてしまいたい、そんなふうに感じられます。消えてなくなる。存在しなくなる。

（沈黙　一分）

C：（ほとんど聞きとれない）昨日一日じゅう、今朝いっぱい、死にたいなあと思っていたのです。ゆうべは、死ねるようにと、お祈りさえしたのです。

T：全部わかるように思うんです—この一日ほどあなたは死ねたらなあということばかり望んでいて、お祈りさえしていたわけですね——こう思うんですが——私の心を打つひとつのことは、生きるということがあなたにとって非常におそろしいことで、死にたい、生きていたくないと思っていたんですね。

（沈黙　一分一二秒）

T：それであなたは、自分が生きていなければいいなあと願いつづけてきたんですね。生きるということがあなたから遠ざかっていってほしいのですね。

（沈黙　三〇秒）

C：ここで今まで願ってきたどんなことよりも、そのことを願っていたのです。

T：フム、フム、フム。あなたはたくさんのことを願ってきたんですね、ほんとうに！　この生きていたくないという願いは、あなたが今まで願ってきたどんなことよりも深く、強いように思われるんですね。

カウンセラーの言葉の源泉

この会話から感じられるのは、クライエントの沈黙が多くて長い、自分が日頃行なっている会話では、こんなに沈黙が続くなんて決してない、ということではないだろうか。クライエントの沈黙が多いのに対し、カウンセラーがずいぶんよくしゃべっているなあ、ただし、カウンセラーが沈黙を破るようにしてよくしゃべっているとしても、それは、日常の会話で沈黙が生じたときによくやる、黙ってしまうのは良くない、とにかく何か話さないといけないという焦りから言葉を発しているのとは異なっているようだ、といったことも浮かんできたのではないだろうか。また、クライエントが何かの感情を話したことに対する応答（気持ちの確認）になっているところはまだよいにしても、それ以外のところでは、カウンセラーが根拠もなく勝手に自分が感じたことを話しているのではないか、という感想、こんなことを言うのがカウンセリングなのという、どこか納得がいかないという感想も浮かんだのではないだろうか。

クライエントは沈黙が多いのに対して、カウンセラーは多く話している。クライエントに会っている中でカウンセラーの心に起きてくることは、クライエントについての想像であれ、些細なクライエントの反応についての観察であれ、クライエントに関係することであり、カウンセラーは、そうした自分の中で感じたことを言葉にしていっているのである。ロジャースは「私の思考や感情の流れが、私の反応の出てくる水源地なのである」（ロジャース、１９６７ｃ）と述べている。クライエントに会っていると、クライエントが言葉を発しなくても、カウンセラーの心の中に、思考や感情が、「ほとんど言葉にならないまとまり」として浮かんでくる。それをカウンセラーは言葉にしていくのである。「ほとんど言葉にならないまとまり」のすべてが言葉にできるわけではない。その何割かが言葉にできるのである。そうして言葉にする作業を続けしばらくすると、それらのうちの一つか二つが、クライエントに伝えるのにふさわしいものに思えてくる。このような内面での作業を経て、カウンセラーの言葉がクライエントに向けて述べられているのである。

カウンセラーの言葉は、技術にはあまり関わりのない、自然で自発的な、自分自身が心の中で経験していることから出てきている。これは、自己一致の姿勢に基づくものと言うことができる。

ロジャースは、このような統合失調症のクライエントとのカウンセリングを試みたことによって、それまで以上に、三つの基本的な姿勢の中で自己一致がより重要であると考えるようになっていったのである。

もっとも重要な姿勢としての自己一致

ロジャース（1967c）は「私が他の人を理解し、他の人を受容することができるのは、私が私自身であることができるときだけであり、私が私自身を受容することができるときだけなのです」と述べている。「私」をカウンセラーに、「他の人」をクライエントに置き換えると、ロジャースが言いたいことがわかってくる。カウンセラーがクライエントに共感的理解や無条件の肯定的配慮ができるのは、彼が自分自身であることができるとき、すなわち、自己一致しているときだけなのだ、と言っているのであり、ロジャースは、三つの姿勢の中で、自己一致がもっとも重要な姿勢だと考えているのである。

これをもう少し理屈っぽく考えてみよう。自己一致していないカウンセラーがいたとする。このカウンセラーは、カウンセリンググルームで、クライエントと対面していて、さまざまなクライエントの反応、言葉や表情や態度などを経験するだろうが、彼は自己一致していないのであるから、それらの多くを自分に脅威を与えるものとして経験するだろう。そのため、彼はクライエントについて生じた経験のうち、自分の自己概念と矛盾しない、限られた経験だけははっきりと意識できるだろうが、それ以外の経験のついては歪曲と否認を盛んに行なうことになるだろう。言い換えれば、このカウンセラーは自己一致していない分、クライエントを防衛の幕を通して、歪めて見ることになる。そうやってクライエントをありのままではなく、自分にとって都合がいいように理解していることになると考えられる。これは共感的理解がうまくできないことだと考えていいだろう。そしてこれに対して、逆の、自己一致しているカウンセラーは、クライエントの内部的照合枠をありのままに知覚し、正確な共感的理解ができるのである。

同様にして、自己一致していないカウンセラーは、クライエントの言葉や表情や態度などの多くを、自分を脅かすものとして受け取る傾向がある。そのような自分を脅かす元となっている相手を受けいれることなどとてもできないわけで、カウンセラーはクライエントに無条件の肯定的配慮を十分経験することができないだろうと考えられる。そしてこれに対して、逆の、自己一致しているカウンセラーは、クライエントに十分な無条件の肯定的配慮を経験できるのである。

このように考えると、カウンセラーが自己一致していることは、共感的理解や無条件の肯定的配慮ができるようになるための基盤となっているように思われる。クライエントを怖いと経験したカウンセラーが、落ち着いていることを装い笑顔を作り、「まあ、どうぞ、どうぞ、楽にしてください」と言ったとき、彼は自己一致していないのであるが、そのためにかえって自分では無条件の肯定的配慮を経験できていると思っているかもしれない。しかし、それは無条件の肯定的配慮を装っているだけではないだろうか。そんなふうに、カウンセラーがクライエントを「受けいれている振り」ができるし、共感的理解にかかわる「わかっている振り」もできないわけではないだろう。前提として自己一致していないときには、カウンセラーが他の二つの姿勢が本当にとれているのか疑わしいのである。

第三節　自己一致の利用

カウンセラーに不満を述べたS子

自己一致でいるということは、カウンセラーが自分の内面で感じていることをごまかさないで意識しているということである。それはカウンセラーが自分自身の心の動きに耳を傾け、それをよく知っていようとしていることと考えてもよいだろう。

次にあげるのは、それが実際にはなかなかうまくはいかないことを示す例である。

大学生のS子は、親の期待や愛情が自分には向けられないことに悩んでカウンセリングにきていた。

カウンセリングが始まってしばらく経過したとき、S子の遅刻が目立つようになってきた。数分から一〇分ほど遅れてカウンセリングルームにくるのである。それぞれの遅刻についての彼女の説明は妥当なもののように思えたが、何回も続くのはそれなりの意味をもっているはずである。なぜだろうかとカウンセラーは考えるようになった。そんなある面接で、S子は「先生、言いにくいことだけど……。私の話してること、先生にあまり熱心に聞いてもらってないように思う」とカウンセラーに言った。「あまり熱心に聞いてもらってない。そうか……」とカウンセラーは答えるしかなかった。カウンセラーは、はっきりと言われてしまったことには驚いてはいたが、それを否定し「いや、そんなことないよ。一所懸命聞いてるよ」と答える気にはとてもなれなかった。それは偽りの言い訳に過ぎないし、なによりもどこか「なるほど」といった感じがあったからである。カウンセラーには、自分でもS子の語ることをなんとなくつまらないように感じてカウンセリングを続けていたという自覚があった。

カウンセラーは、それまで、S子が心理学書を読みあさっており、カウンセリングのなかでも「防衛」とか「コンプレックス」といった心理学用語をふんだんに使い話しているから、知的で理屈っぽいカウンセリングになってしまい、それを自分がつまらなく感じているのではないだろうかなどと考えていた。しかし、自分の気持ちが彼女に伝わっていることをはっきりと指摘されて、あらためてこれまでの彼女とのカウンセリングや自分の気持ちを考えてみた。

カウンセラーの心に浮かんできたのは、自分は代理であるのが面白くない、ということであった。もともとS子の友人が、もう一人のカウンセラーとカウンセリングをしていた。その友人の紹介で彼女がカウンセリングルームにやってきたのであった。S子は、友人が会っているカウンセラーとのカウンセリングを望んでいたが、予定がうまく合わなかったために、代わりに自分とカウンセリングをするようになったという経緯があったのである。

なお、S子がカウンセリングの中で繰り返し語っていたことは、親の期待や愛情が自分には向けられないで妹に向けられてきたこと、いわばおいしいところをみんな妹に取られてしまったのを不満に思っているということであった。また、友人も仲良しではあるが、おいしいところを取っていってしまうという意味のことも語られていた。

S子にも、代理のカウンセラーに会うことになってしまい、がっかりだが、まあやっていこうという気持ちがあったかもしれないが、カウンセラーは、自分がクライエントにとっておいしいところを先に取られてしまった残り物であるように感じ、面白くなかったのである。はっきりとは意識しないでいたにせよ、そんなことを感じていた自分の子どもっぽさにカウンセラーはあきれた。そして、自分を知るということは、そんなおそまつでなさけない自分を知ることにもなる、けっこうきついことだなと感じつつも、前とは異なる姿勢でカウンセリングにとりくむ気持ちになった。

自己一致でいることのむつかしさ

カウンセラーが自分の内面で感じていることをごまかさないで意識しているということは、やさしいことではない。無条件の肯定的配慮の場合と同様、完全な自己一致はないのであり、このカウンセラーがしたように、ごまかし防衛するということが実際には起きてくる。また、自分の内面で感じていることをごまかさないで意識するということは、ごまかしや防衛がきかないということであり、このカウンセラーがそうであったように「おそまつでなさけない自分を知る」ようなことにもなる。これは楽しいことではない。それにもかかわらず、カウンセラーは自分の内面で感じていることをごまかさないで意識していくことが必要がある。

カウンセリングの中で、クライエントはごまかし、防衛したいところに気づいて変化していく。クライエントにはそんなつらいことをさせておきながら、カウンセラーだけが自分について何も気づかず、平穏無事でいるということはフェアーではないだろう。

無条件の肯定的配慮ができないとき

カウンセラーがクライエントに無条件の肯定的配慮を経験し、なおかつ自己一致の状態であることが望ましいが、ときにはこの二つが相容れないということが起きる。カウンセラーが、自分に正直になり、ごまかさずに自己を見つめたときに、「このクライエントをとても受けいれられない」「私はこのクライエントが好きでない」と意識する場合である。

このようなとき、自己一致がもっとも重要なのであるから、ロジャースは、当然、無条件の肯定的配慮が経験できないことを隠して、無条件の肯定的配慮の姿勢でいるかのように見せかけることはすべきでないと考えている。ロジャース（1968）は「破壊的になる可能性のあるこのような否定的感情——すべてのセラピストが時折もつことのある感情であるが——についてさえも、セラピストが、興味、関心、好感という偽りのポーズ——クライエントが純粋でないと感じとりやすい——をとるよりは、リアルであった方が好ましい」と述べている。否定的感情があるのに偽りのポーズを取るより、自己一致でいて否定的感情をはっきり意識しているのがよいと、ロジャースは言うのである。

これはその通りなのであろう。しかし、その先でどんなことが起きてくるのかが大切である。

「立派な家」に嫁いだY子

クライエントに無条件の肯定的配慮が経験できた方がよいのに、それができないという現実があるときに、カウンセラーに何ができるかを示しているのが、次のY子とのカウンセリングである。

Y子は、四歳の男の子の母親であった。この息子が、家の中でも、幼稚園の子どもたちの中にいても、ちょっとした不満ですぐに怒りが爆発してしまうというのが、クライエントの悩みであった。彼女は、些細なことで怒りだし大騒ぎする息子の振る舞いを、恥ずかしいと感じていたが、怒りだして友達に突っかかっていき、大人に引き離され、叱られ、家でも、言うことを聞いてもらえないと怒ってぶつかってきて、押さえられるのを繰り返すのが、息子にとって好ましいことではないだろうと心配していた。

カウンセラーは、息子や悶着の相手との間を取りなそうとしたり、何度も幼稚園に足を運び、先生のアドバイスを受けたり、という努力をするクライエントを、自分が受けいれることができていると思っていたが、面接を重ねるにつれて、自分がこのクライエントをちゃんとは受けいれていないと感じることがあるのに気づくようになった。

このことをはっきりと感じるようになったのは、Y子の笑い声を聞くときであった。カウンセリングの初期から彼女が笑うことが多かったのかどうかは覚えていなかったのだが、カウンセラーが気づいたときには、その声のトーンに耳障りな感じを覚え、ときにはこんな場面で何で笑わなければならないのか、という多少非難めいた気持さえ生じていたのである。嫌なクライエントだというところまで否定的に感じたのではなかったにせよ、無条件の肯定的配慮とは隔たりのある気持であった。

このことに気づき始めても、カウンセラーはすぐにはそのことについて伝えなかった。その意味が自分でもよくわからなかったし、「耳障りなんです」「なんでこんなときに笑わなければならないんですか」はふさわしい言葉には思えなかったからである。笑い声が気になる、耳障りだと感じる経験を繰り返し、無理な笑いをしているからこちらが耳障りに感じてしまうのだろう、こんな笑い方をして何から自分を守ろうとしているのだろうなど、いろいろと反芻した後、カウンセラーの感じているものは「耳障りだ」から「苦しそう」になっていった。

あるとき、またY子の笑いが起きた際に、カウンセラーは「お母さんが今みたいに笑うときの声ってなにか、苦しそうに聞こえるんですよ」と言った。クライエントは、驚いた顔をした。しばらく言葉が出なかった。しかし、そのあとで、彼女は、自分が息子のためにやっていることは、人には子ども思いの母親に見えるかもしれない、そういう気持ちも確かにあるが「本物じゃないかもしれない」と前置きして、家での自分自身の息苦しさを語り始めた。

彼女は、「普通の家」から「立派な家」に嫁いできていた。「立派な家」の住人である夫の家族は、彼女を嫁として認めてくれていたし、別に彼女に意地悪をしたわけではなかった。しかし、彼女は嫁いできたときから、自分は失敗するわけにいかないと感じていた。気を張ってやってきたためか、これまで大きな失敗するようなことはなかった。しかし、最近になって、息子がちょっとしたことでもすぐに怒り出して手に負えなくなってしまうようになった。これが彼女にとってははじめての大きな失敗に当たるものであった。彼女自身は息子の扱いに困っていた。それを増幅させていたのが、息子の怒りっぽさだった。それが家の人たち、とくに夫の両親に嫁としての自分の至らなさを示すもののように感じてしまうことであった。「育て方が間違っていたんじゃないの」「うちの家にはこんな怒りっぽくて野蛮人のような人間はいない」と、実際にはだれもそんないじわるなことを彼女に言っていないのだが、自分がそう思われているように感じていたのである。このため彼女は、息子のためにという以上に自分のために、息子に問題を引き起こさないで欲しいと願っていたというのである。

　このときから、カウンセリングのテーマの一つに、「立派な家」の中で生きていかなくてはならないY子自身の苦しさが加わっていった。

カウンセラーが内面で感じていることの価値

　否定的感情を含む、カウンセラーがクライエントとの間で感じることについて、近藤邦夫（１９７７）は「クライエントとの間で治療者が感じるものは、イヤだとか嫌いだとか気味が悪いといった否定的な感情であろうと、それはクライエントに感じさせられ気づかされている何かであって、治療者個人の人間的限界から生じるだけのものでも、非受容的な感情として処理してよいものでもない」と述べている。そして「実際はそうした感情は治療者が明確に意識してはいないクライエントの姿を暗示していることも多く、むしろ治療者はそうした内的経験を、クライエントの姿を明らかにする材料として、あるいはクライエントと治療者が差し向けられている方向を示唆するものとして、積極的に利用することができるのである」と述べている。無条件の肯定的配慮ができないということは、クライエントとの関係の中でカウンセラーが経験することであり、そのことを、クライエントをさらによく理解し、カウンセリングを望ましい方向に進めるために利用することができるのである。

無条件の肯定的配慮ができないとき、偽りのポーズを取ってごまかすのは問題外である。無条件の肯定的配慮ができないと感じたとき、それを恥じたり、自分は至らないカウンセラーであると反省したり、ひたすら無条件の肯定的配慮にこだわってそれを実現しようとするのも、偽りのポーズをとるよりずっと誠実な姿勢ではあるが、稔り豊かなものではない。反省したとしても、できないことはできないのである。むしろ、カウンセラーが自己一致の姿勢を保ちながら、無条件の肯定的配慮ができないということを含む、クライエントに向き合っている自分自身の内面を探求することに価値があると考えられる。

カウンセラーに生じてくることは、他にもいろいろある。クライエントとカウンセリングを続けていて、会話の内容はカウンセラーが不安を覚えるようなものでないのに、急に不安になってしまうことがある。あるクライエントと会っているときに限って、首筋がこってくることもある。他のクライエントに会っているときにはゆったりとしていられるのに、あるクライエントと会っているときだけ、自分の視線のやり場に注意が向いてしまい落ち着かなくなることもある。カウンセリング中にクライエントと話していることとは一見関係がないように見える何かのイメージが浮かんできて、それに悩まされることもある。

これらはどれも、クライエントと会っている中で起きてくることであるから、クライエントについて、あるいはクライエントと自分の関係について、まだ明らかになっていないことを教えてくれる可能性があるものと考えることができる。

自己一致の姿勢は、こちらに歪みのない眼を与えてくれるものになるだろう。クライエント中心のカウンセラーは、自己一致の姿勢を保ち、自分の内面で起きていることについてさらに探求をし、クライエントを理解するために、カウンセリングを進めるために利用しようとするのである。

第六章

クライエントに起きる変化

カウンセリングの結果、クライエントにはどんなことが起きてくるのであろうか。もちろん、当初クライエントがそれに悩んでカウンセリングにやってきた問題が消えるという変化が起きるだろうが、それとは別にクライエントのパーソナリティの変化が起きてくる。

第一節　クライエントが離れるものと向かうもの

Gさんに起きた変化

会社員G夫は、職場において、仕事ができ決断力のある有能な社員として活躍していた。G夫自身が自分を「できる男」と自覚していた。しかし、「できる男」であり続けるのはむつかしい。それは多くのエネルギーを必要とした。彼は、次第に仕事のことで頭の中がいっぱいになり、消耗した状態になっていき、仕事を休みがちになっていった。

長いカウンセリングの後、仕事に復帰した彼は「いまは、自分がずいぶんといい加減な人間になってきたなって感じています」と前置きして、最近の自分について気付いたことを語った。

部下の仕事に対する姿勢が「これではまずいな」と感じることがあった。以前の自分であれば、自分にも他者にも厳しかったから、まずいと思えば、「ダメじゃないか」と即座に部下にその問題を指摘していた。いまは、部下にも事情があるだろうし、そのうちわかるときがくるだろうと考えて放っている。以前は自分の能力を最大限発揮しなければと思って、自分の仕事をこなすだけでなく、他者の仕事にまで口を出していた。いまは、まあ、やってくれるのはありがたい、その分こちらが楽をできると思って、何も言わないでいる。以前は電話の声も大きく張り上げるようにして、自分が「できる男だ」と言うことを話している相手にも、フロアーにいる同僚たちにもアピールしようとしていた。いまは電話の声もずいぶん静かになった……。

彼はこのような自分に起きてきた変化を次のようにまとめた。

「前は『できる男』でやっていないと不安だったんですね。その仮面を取ってしまうと、何も残らなかったとは思わないけれど、見ばえのしない自分しか残らなかったんだと思います。……さっき自分はいい加減になったって言いましたけど、本心ではこれでいい、ちょうどいいって思っているんです。ちょっと格好をつけた言い方をすれば、ありのままっていうんですか。ありのままでやっていけばいいんだと思っています」

G夫は「できる男」という仮面をかぶって生きていたが、そういう仮面をかぶった生き方から離れるようになった。彼は自分にも人にも厳しい人間であったが、まあ、こんなものでいいんじゃないかという寛大さが身についてきている。自分で言っているように「ありのまま」の自分として生きるようになってきている。

クライエントが離れるもの

ロジャース（1967b）によれば、カウンセリングの結果、クライエントはあることから離れていき、ある方向に向かっていくという変化を起こす（表6—1参照）。クライエントは、次のようなものから離れていく。

見せかけのものから離れる——われわれは「気配りのできる思いやりのある人間」「曲がったことは決してしないまじめな人間」として仮面をかぶった生き方をしていることが多くある。クライエントは、そういう仮面をかぶった生き方、自分がそうであるかのように見せかけていた存在であることから離れて、自分自身に近づいていく。

「べき」から離れる——クライエントは、親との関係から「自分は優秀であるべき

表6－1　クライエントが離れるもの、向かうもの（ロジャース、1967b）

離れるもの	向かうもの
●見せかけのものから離れる ●「べき」から離れる ●期待に沿うということをしなくなる ●他者を喜ばすということから離れる	●自己の方向に向かって ●過程的な存在に向かう ●複雑さに向かって ●経験に対し開かれるようになる ●他者を受け容れるようになる ●自己を信頼するようになる

である」「控えめな人間であるべきである」「完全であるべきである」といった思いを取り入れて生きている。このような「あるべきである」という思いを捨てていくのである。

期待に沿うということをしなくなる――「上司に忠実な部下」「仕事をてきぱきとこなしていく有能な社員」といった組織の中の人間として期待されるあり方、「勤勉で礼儀正しい学生」といった学生としてのふさわしいあり方など、その文化から期待されているあり方がある。クライエントは、そういった期待に沿うということから離れていく。

他者を喜ばすということから離れる――クライエントは、他者に喜んでもらえるように、好意を寄せてもらえるように、自分を作り上げてきているが、そういう人間であることから離れていく。

ロジャースがあげていることはどれも、クライエントがそれまで他者との関わりのなかで、人のために生きてきたことを表している。その出発点になったのは、クライエントが重要な他者の肯定的配慮を求めるようになったときに、条件つきの肯定的配慮を与えられたことにある。カウンセリングによって、これらの人のために生きてきたというあり方を、クライエントは捨てていくのである。

クライエントが向かうもの

クライエントは、これらのことから離れていき、ある方向に向かっていくという変化を起こす。ロジャース（１９６７ｂ）によれば、クライエントは次のようなものに向かっていく。

自己の方向に向かって――クライエントは、はじめのうちは自信もなく恐る恐るであるが、自分自身に責任をもつようになっていく。どのような行動が自分にとって意味があるのか、どんなことが意味がないのか、自分で判断し決めるようになっていく。

過程的な存在に向かう——われわれの生活は、毎日毎日が同じではない。他者に対してもいつも同じ感情をもっているわけではない。最初カウンセリングにやってきたときには「仕事がうまくやれるようになること」とか「満足できる生活を送れるようになること」などにたどり着くのを願っていたクライエントが、そういう固定した理想の型に向かっていくというよりも、自分自身が絶えず動いている、流れていると感じるようになり、そんなあり方に満足を覚え、それを受けいれるようになっていくのである。

複雑さに向かって——クライエントは、たとえば、人に対する感情でいうと、暖かい感情、同情心、迷惑で避けたいという感じ、心配、腹立ちなど、相手との関係で起きてくる感情のすべてについてごまかしたり防衛したりしないようになる。クライエントの心の中には、豊かで複雑な感情が、ときには矛盾した感情が存在するようになるのである。

経験に対し開かれるようになる——経験に対し開かれるとは、否認や歪曲のような防衛が行われることと正反対のことをさしている。クライエントは、自分が経験していることに、それがこれまで否定してきた経験であっても、それに近づき、親しみを増し、それと密着したあり方をするようになる。

他者を受け容れるようになる——クライエントは、自分の経験していることを受けいれられるようになるにつれて、他の人が経験していることを受けいれるようになり、その人をその人自身の意見や価値観をもっている独立した人間として受けいれるようになっていく。

自己を信頼するようになる——クライエントは、自分自身の中で進行している過程を信頼するようになる。自分の中にはいろいろと変化に富んだ感情や傾向がある。その中には、以前なら恐ろしいと感じたものがあるかもしれないが、それを恐ろしいとは感じなくなる。そうやって自分の中の感情や傾向を信頼するようになっていき、愛着を覚えるようにまでなるのである。

第二節　クライエントの自己受容

あきらめた青年・U

長かったカウンセリングが終わりに近づいた頃、クライエントが自分自身のことを好きになっていっているなとカウンセラーが気づくことが多くある。カウンセリングの結果クライエントに起きてくることは、先に述べたようにいくつもあるが、もう一つ、自己受容がある。自己受容は、とくに「自己を信頼するようになる」ことと重複していると考えられるが、これもまた、クライエントが向かうものなのである。

自己受容は、通常自分に対して否定的で、「こんな私が嫌いです」と自分を受けいれられなかったクライエントが、自分に対して肯定的になり、自分を受けいれるようになることをいう。

ここで紹介するU（大学生）は、天才とも言えるほど才能に恵まれているという自信やそういう自己への執着から、あきらめの心境に達したクライエントである。一見、彼の自己概念は、肯定的な自己からより望ましくない否定的な自己に変化したように見えるかもしれない。しかし、この変化も自己受容であることを強調したい。（なお、彼とのカウンセリングは非常に長期にわたっているが、カウンセラーとクライエントのやり取りよりも、自己への執着からあきらめに至る彼の変化に焦点を当て、簡潔に述べていくのにとどめたい）

Uは、人間関係がうまくいかない、自分に自信がもてない、卒業し社会に出ていくのが怖くてとても就職などできないと悩んでカウンセリングを求めてきた大学生である。来談のきっかけは、人から考えが足りないのではないかという意味のことを言われたためであった。彼は自分は感情的になることが多くて人間関係がうまくいかないが、それは考える力が足りないからだと思い、そんな自分に自信をなくしていた。

哲学と音楽への傾倒

Uは、身近な人間についてはあまり語らなかった。代わりに、著名な人、哲学者や思想家や音楽家のことをよく話題にした。「○○さんを知っていますか？　どう思いますか？」が、彼からカウンセラーへの定番の質問であった。カウンセラーは、身近な直接触れ合える人間についてはまだ言葉にしたくないのだろう、著名な人について話題にすることが彼が開いてくれた窓であろうと考え、質問には簡単に答えるようにして、その後で「Uくんにはどう思えるの？」と付け加えることにした。しかし、カウンセラーからの質問にUが答えてくれることはほとんどなかった。質問を無視して、自分のしたい話を続けるのであった。それは、こんな自分勝手で一方的な会話を日常の生活のなかで続けていたら、相手を怒らせるだろうと思わせるものであった。しかしカウンセラーの中には、Uは子どもなんだ、幼いんだという感じがあり、そのためかイヤだとか受けいれられないという気持ちはあまり生じなかった。

このような話が続くうちに明らかになってきたのは、自分が天才とも言えるほど才能に恵まれているという気持ち、ないしそんな自己への執着であった。

哲学者について彼は一番のめり込んでいた。就職してサラリーマンになるなど、とても考えられない彼は、大学院に進学し、哲学を学ぼうと考えていた。優れた哲学者になることが彼の望みであり、カウンセリングルームにも、難解な哲学書や自殺した青年の手記などを持ってきて、その著者の考えや生き方をカウンセラーに講義してくれることが多かった。哲学書を強引に読んでくれといって貸してくれることもあった。カウンセラーは哲学嫌いではなかったし、Uくんの価値観やパーソナリティについて理解するためのヒントが、その哲学書の中にあるのではないかと考えたこともあり、時間のゆとりのあるときは哲学書を借り、読むように努めた。

また、彼は、音楽、ことにクラシック音楽が好きであり、カウンセラーがとてもついていけないほどの豊富な知識をもっていた。音楽について話しているときの彼は、自信がない自分について語るときとまるで別人のようであった。面接室にCDプレイヤーを持参し、お気に入りの曲を聴かせてくれることもあり、面接時間の大半を音楽鑑賞で使ってしまうこともあった。彼は現代の演奏家、とくにバイオリニストたちと自分を比較して語ることが多く、自分が一流のバイオリニストに伍していけるだけのセンスや技量をもっていると信じているようであった。

現実の人間関係の変化

音楽や哲学に対する彼の情熱は、変わらないままずっと持続したが、やがて、カウンセリングの中で、身近な現実の人間との関係についても語られるようになった。Uは、大学のあるサークルに所属していたが、そのメンバーから言われたささいな批判的な言葉がひどく気になり、興奮して腹を立て、くってかかったり、自分に自信を失ってしまったりするという形を取ることが多かった。たとえば、あるとき、彼は「先生、ぼくって、考えがあるって思います？　感情がむき出しになっていると思いませんか？」とカウンセラーに尋ね、その答えを待たないで、大学のサークルの仲間に感情がむき出しになっていると言われ、ショックを受けたことを話した。彼は、そう言った相手を独善的で手前勝手でと非難するが、すぐに興奮したり感情的になってしまうことが、自分は考えのないダメな人間ではないかという自信のなさに結びつくのであった。

サークルの活動に参加することはあっても、個人的に親しい人のいない彼は、親しくなりたい人たちに自分が気に入っている本を貸すという行動に出た。自分を知ってもらうための方法の一つであり、カウンセラーとの間で何度も繰り返し練習していた行動であるが、人がその方法に乗ってくれるとは限らない。本は受けとってもらえないことが多かった。

それでもサークルをやめないで、活動に参加しているうちに、彼は、自分がサークルの仲間に対して勝手に振る舞いすぎたと感じるようになっていった。それは、カウンセリングの中で自分で気づいたというより、サークルの仲間から繰り返し勝手だと指摘されてのことである。自分を改めようとして、彼は人の話は聞くが、自分からは話をしないようにしようと努めるようになった。彼は静かになってしまったのである。これに対して、サークルの仲間は無反応であった。ただ一人、彼の変化に気づいて不思議に感じた一人の女性が、どうしたのかと尋ねてきた。勝手に振る舞いすぎていたから、静かにしていようと考えたのだという彼の説明を聞いて、彼女は、静かにしても、自分勝手なところが消えるわけではない、いままで通りにいればいい、それでも自分はあなたを拒否したりしない、と彼に言った。ここではじめて自分が認めてもらったように思えたのではないだろうか。彼は「ぼくは人には厳しくて、自分には厳しくしてこなかったんだってわかりました」と言った。

このような現実の人間関係で摩擦を起こし、反省し、ときに人から受けいれてもらうという体験を繰り返すうちに、Uは、人間関係がうまくいかないのは、自分自身の感じ方、反応の仕方と関係しているのだということをもっと自覚するようになった。人に受けいれてほしい、認めてほしいと強く望んでいたが、一方で自分の望むとおりにならないとすぐに恨みに思いすねてしまい、関係を断ってしまってきたことに気づいていったのである。

彼は、とくに尊敬するある先輩に認めてほしい、他の人たち以上に自分を可愛がってほしいという気持ちが強かった。尊敬する先輩が「いつでもおいでよ」と言ってくれたことを真に受けた彼は「行っていいですか」と申し出て、断られるということがあった。カウンセリングの中では憤慨していたUだが、怒って離れることをしないでいるうちに、その相手が自分を特別に可愛がってくれているのでなくとも、自分を嫌っているのではないことがわかっていった。

さらに彼は、人間は好ましい面をもつと同時に、好ましくない面、汚い面ももちあわせているのであって、相手の好ましくない面を見つけたからといって簡単に関係を断ってしまったら、どんなつきあいも成立しないのだと考えるようになっていった。

あきらめ

このようにして自他に対する見方が変化していった頃に、Uくんは、それまでほとんど話題にしなかった母親について、「母はどこにでもついてくるような人です。親子は一体だと考えているんですね。そうじゃないとぼくが言っても、まったくわからないみたいです」と述べた。そして、その頃観たある映画について話してくれた。主人公の青年は、母親とともに父親を殺してしまう。彼には恋人もいたが、母親は恋人も殺せ、それができないなら自分を殺せと迫る。結局彼は母親を殺した。そんなストーリーであった。

その次の面接で、彼は淡々とした口調で次のように語った。

「先生とのカウンセリングでは、長いことかけて、いろいろと人生や音楽のことを話してきました。でも、いまではそれはお楽しみにすぎなかったと思っています。自分でもわかってきたみたいです。ぼくは普通に結婚して、嫁さんをもらって、子供を一人か二人こしらえて、混んだ電車に乗って、汗水たらして働いて、金を稼いできて、嫁さんと子供のために苦労して、中年になったときに小さなマンションを買って……そこらにいる平凡なサラリーマンですよ。で、そういう人生を送るだろうってことがわかったんです」

この後、彼は、アルバイトを始めるようになった。ある店で働くことにしたのである。アルバイトは順調というわけにいかなかった。釣り銭を間違えたり、品物の包装が下手なために、店長に叱られることもあった。店長に認めてもらえることが彼にはとても重要で、叱られると見放されたように感じ、元気がなくなってしまうのであった。不当に叱られることもあった。彼は何の弁解もせず、すねてしまうことになった。他の店員が店長にひいきにされているように思え、腹を立てることもあった。彼は何度も辞めたくなったが、何とかこらえアルバイトを続けていった。

要領よく仕事をこなせるようになり、店でのことに、極端に感情的に反応することが減っていった頃から、彼は正規の就職のための活動に入っていった。最後の面接で「就職するのは本当に怖いと思っていました。……あそこ（アルバイト先）は、安心していけるためのクッションになりました」と言っていた。こうして彼は、会社員として就職していった。

あきらめの意味

Uくんが到達したのは、あきらめの境地である。あきらめるという言葉は、あきらかに見るという原義をもつと聞いたことがある（花崎皋平、１９８１）。彼が到達したのは、あきらかに見るというのがふさわしい確かなものであった。

そのとき、自分がすばらしい哲学者やバイオリニストになれるだけの才能があるという誇りや高揚した気分はもう失われていた。あきらめは、自分をすごい人間だと思ってきた彼にとって、残念なことではあった。しかし、そう語る彼から感じられたのは、落ち込みや苦しみではなかったし、自嘲や自己嫌悪の感情でもなかった。自分がこれで良いのだと思えるところまでようやくたどりつくことができたという穏やかな安堵感や、大学を卒業したら平凡なサラリーマンとして就職していく自らを認め引き受けたという覚悟であった。

Uくんと同様に、クライエントから、長かったカウンセリングが終わる頃に、自己に対するあきらめを表す言葉を聞くことがある。「この頃では、私は平凡な人間なんだなあって感じています」「何だか自分がつまらなくなってしまったみたいに思えます」などである。「サラリーマンとしてやってくなんて夢にも考えていなかったけれど、そういうのもそんなに嫌じゃないとは思っています」「そんな自分が気に入ってないわけでもないんです」のように、いまの自分を肯定する言葉がついてくることも多い。

これらの気持ちを、自己肯定―自己否定といった単純な物差しでとらえようとすると、肯定から否定に向かって変化したようにとらえられてしまうかもしれない。しかし、Uくんの言葉から、彼が見つけた自分は、元々思い描いていた自分に比べればみすぼらしいかもしれないが、確かな自分であることが伝わってくる。元々彼は、自分が天才であると自信を持って認めていたのではなく、それに執着していたというのがふさわしいだろう。彼は独特の自己執着から離れ、自己受容ができたのである。

自己受容

自己受容は、自己を肯定し、自己を尊重できることである。自己受容というと、仕方なく自己を受けいれるといったニュアンスを感じる人がいるかもしれないが、それは「しぶしぶながら」「仕方なく」ではなく、自分自身を好きになることである。しかし、それは大げさなものではない。ロジャース（１９６６ｂ）は自分を好きになることについて「これは決して、誇張的な、または自己主張的な自己愛ではなくて、むしろ、自分自身になることに静かな喜びをもつということなのである」と述べている。

自己に執着しているクライエントは、自分をすばらしいと思おうとしているが、自分自身になることに静かな喜びをもつという自己受容の人ではない。自分を好きだと感じることができないために、すばらしい自分に執着していると言ったら良いのではないだろうか。この点で、自己に執着しているクライエントは、自己嫌悪や自己卑下に苦しんでいる人ほど隔たったところにいるのではないと考えられる。

カウンセリングを求めてやってくるクライエントには、自己嫌悪や自己卑下をしていたクライエントも、自分をすばらしいと思おうとしていた自己執着のクライエントも、どちらもいる。自己執着の人も、自己嫌悪や自己卑下の人も、ともにカウンセリングの結果、自己受容に到達するように思われる。

「立派な家」に嫁いだＹ子の事例は、次の論文に加筆修正したものである。

佐々木正宏　1999　受容・無条件の肯定的配慮　澤田瑞也・吉田圭吾（編）キーワードで学ぶカウンセリング　世界思想社

あきらめた青年・Ｕの事例は、次の論文に加筆修正したものである。

佐々木正宏　1985　あきらめた青年　国学院大学教育学研究室紀要第19号、22－32.

読売新聞　2002年5月15日朝刊　人生案内　夫の冷たさに涙出る

参考文献

ベック・A. T.／大野裕訳　1990　認知療法　岩崎学術出版社
伊藤隆二　2003　間主観カウンセリング　駿河台出版社
アメリカ心理学会他　1960　カウンセリングの基礎　岩崎学術出版社
ロジャース・C. R.／鳴瀬悟策監訳　1989　ロジャース・コフート・エリクソン－ロジャースから見た相似点と相違点ゼイク・J. K.編　21世紀の心理療法1　誠信書房
佐治守夫　1968　心理療法(1)　井村恒郎他編　異常心理学講座　みすず書房
佐治守夫　1988　カウンセリング　放送大学教育振興会
佐々木正宏・大貫敬一　2001　適応と援助の心理学－援助編　培風館
澤田瑞也・佐々木正宏・大貫敬一　2002　カウンセラーの仕事の実際　培風館
澤田瑞也・吉田圭吾　1999　キーワードで学ぶカウンセリング　世界思想社
坂元彰他　1999　サブリミナル効果の科学　学文社
鈴木乙史・佐々木正宏・吉村順子　2002　女子大生がカウンセリングを求めるとき　ミネルヴァ書房

依存したいE子の事例は、次の論文に加筆修正したものである。

佐々木正宏　1999　カウンセリングにおける「受容」とは何か？　全国生活指導研究協議会(編)　生活指導　特集「受容」と「要求」－信頼関係に向けて　No.543　明治図書

日本精神技術研究所　1984　グロリアと三人のセラピスト　日本精神技術研究所

野田俊作　1987　オルタナティブ・ウェイ　星雲社

ロージァズ・C. R.／伊東博編訳　1966a　サイコセラピイの過程　岩崎学術版社

ロージァズ・C. R.／友田不二男編訳　1966b　サイコセラピイ　岩崎学術出版社

ロージァズ・C. R.／佐治守夫編　1966c　カウンセリング　岩崎学術出版社

ロージァズ・C. R.／伊東博編訳　1967a　パースナリティ理論　岩崎学術出版社

ロージァズ・C. R.／村山正治編訳　1967b　人間論（ロージャズ全集12）　岩崎学術出版社

ロージァズ・C. R.／伊東博編訳　1967c　クライエント中心療法の最近の発展　岩崎学術出版社

ロージァズ・C. R.／伊東博編訳　1972　サイコセラピィの実践　岩崎学術出版社

Rubin,E. 1921 Visuellwahrgenommene Figuren. Copenhagen: Gyldendalska Boghandel.（図は、小川捷之・椎名健　1989　心理学パッケージ6　ブレーン出版による）

佐治守夫・飯長喜一郎　1983　ロジャース・クライエント中心療法　有斐閣

佐治守夫　1993　私のカウンセリング　岡堂哲雄編　心理面接学　垣内出版

澤田瑞也他　2001　こころの発達と教育臨床　培風館

鈴木乙史・佐々木正宏　1996　人格心理学　放送大学教育振興会

引用文献

バード・B.　1960　面接による患者心理の理解　診断と治療社
コームズ・W.・スニッグ・D.　1970　人間の行動　岩崎学術出版社
土居健郎　1961　精神療法と精神分析　金子書房
フォンタナ・V. J.、シュナイダー・C.　1981　小児を虐待する親を助ける　アーノルド・L. E.(編)　親指導と児童精神科治療　星和書店
フロム＝ライヒマン・F　1964　積極的心理療法　誠信書房
Haan,N. 1977 Coping and defending. Academic Press.
花崎皋平　1981　生きる場の哲学　岩波書店
保坂亨　2000　パーソナリティ理論　久能徹他　ロジャースを読む　崎学術出版社
河合隼雄　1970　カウンセリングの実際問題　誠信書房
コフカ・K.／鈴木正也彌監訳　1985　ゲシュタルト心理学の原理　福村出版
近藤章久　1979　ノイローゼ　弘文堂
近藤邦夫　1977　受容と自己一致　佐治守夫・水島恵一編　心理療法の基礎知識　有斐閣
Loevinger,J. and Wessler,R. 1970a　Measuring ego development I , Jossey-Bass.
Loevinger,J. and Wessler,R. 1970b　Measuring ego development II, Jossey-Bass.
McGinnies,E. 1949 Emotionality and perceptual defense. Psychological Review., 56, 244-251.
村瀬孝雄　1987　改訂版臨床心理学　放送大学教育振興会
村瀬孝雄　1995　自己の臨床心理学 1「臨床心理学の原点」　誠信書房

【著者略歴】
佐々木正宏（ささき　まさひろ）
1953年生まれ
1972年　東京大学大学院博士課程単位取得満期退学
1973年　國學院大学文学部専任講師
現在、聖心女子大学文学部教授

主な著書
「改訂版人格心理学」2000（共編）放送大学教育振興会
「適応と援助の心理学－援助編」2001（共著）培風館
「女子大生がカウンセリングを求めるとき」2002（共著）ミネルヴァ書房
「カウンセラーの仕事の実際」2002（共著）培風館

クライエント中心のカウンセリング

●――――2005年10月20日　初版第1刷発行

著　者――佐々木正宏
発行者――井 田 洋 二
発行所――株式会社 **駿河台出版社**
〒101-0062　東京都千代田区神田駿河台3－7
電話03（3291）1676番（代）／FAX03（3291）1675番
振替00190-3-56669
製版所――株式会社フォレスト
ISBN4-411-00364-3 C0011 ¥1700E